中国文化遗产研究院 文物保护工程系列·2021年

U0503642

花山岩画保护工程报告

中国文化遗产研究院

王云峰　刘建辉　周霄　编著

文物出版社

图书在版编目（CIP）数据

花山岩画保护工程报告 / 王云峰，刘建辉，周霄编
著 .-- 北京 : 文物出版社 , 2021.8

ISBN 978-7-5010-6655-1

Ⅰ.①花… Ⅱ.①王… ②刘… ③周… Ⅲ.①岩画—
文物保护—研究报告—崇左 Ⅳ.① K879.424

中国版本图书馆 CIP 数据核字（2020）第 031489 号

花山岩画保护工程报告

编　　著：王云峰　刘建辉　周　霄

责任编辑：李　睿
封面设计：王文娴
责任印制：张　丽

出版发行：文物出版社
社　　址：北京市东城区东直门内北小街 2 号楼
邮　　编：100007
网　　址：http://www.wenwu.com
经　　销：新华书店
印　　刷：宝蕾元仁浩（天津）印刷有限公司
开　　本：787mm×1092mm　1/16
印　　张：10.75
版　　次：2021 年 8 月第 1 版
印　　次：2021 年 8 月第 1 次印刷
书　　号：ISBN 978-7-5010-6655-1
定　　价：180.00 元

目　录

插图目录

第 1 章　工程概况

1.1　左江花山岩画

左江花山岩画文化景观产生于最初始的宗教、社会需要，当地先民通过绘制岩画而赋予原本自然的山崖－河流－台地以宗教意义，实现了祭祀功能。左江花山岩画是岩溶地貌中，以岩画为核心、利用特定的自然环境而构成的"自然与人的共同作品"。它通过与周围自然环境的相联系的持续 700 年的岩画绘制活动，发展至目前的形式，是有机演进的残遗（或化石）景观[1]。

左江花山岩画是骆越部族或部落联盟中居住在左江流域的氏族及部落绘制的，是壮族先民神圣祭祀活动的真实的艺术再现。它起源于远古的历史社会生活，是特定的社会存在的艺术反映。岩画群主要分布在广西南部的龙州、宁明、崇左、扶绥、大新。它以其陡峭的山势、宏大的规模、雄伟的气势、程式化的形式、丰富的内涵、抽象的图形、神秘的意境和独特的风格而闻名于海内外，成为我国乃至世界原始岩画艺术群中独树一帜的奇葩。其中，宁明县左江崖壁画规模最大、图像最多、种类最多、分布最密、保存最完整，成为左江流域崖壁画群的代表。

左江花山岩画以其独特的景观、壮美的岩画与当地骆越先民社会生活的融合特征而显著。2016 年 7 月 15 日，在土耳其伊斯坦布尔举行的联合国教科文组织世界遗产委员会第 40 届会议上，"左江花山岩画文化景观"列入《世界遗产名录》，成为中国第 49 处世界文化遗产。左江花山岩画申遗成功填补了中国岩画类世遗项目的空白。

左江花山岩画的画面内容丰富，图像主要是人像为主，表现主题多为群体性祭祀场景，反映了骆越人当时的生活情景、生产力水平、精神状态以及思想文化水平。图像大致可以分为人物、器物、动物、圆形图像等四大类。

人物图像：在岩画中数量最多的一类，几乎每处岩画都绘制有人物图像，人物图像可以分为正身和侧身图像两种。正身人物头像中人物性别特征并不明显，大部分都有头饰，且形式多样。少数正身人像腰间还挂有刀、配剑，正身人物图像高度在 0.3m 至 2.4m 之间；侧身人物图像的基本形态是面向左或右，手脚向同一侧伸展，双手多屈肘升举，有的则是平直斜身向上。大部分侧身图像的人物性别特征也不明显，少数可以通过隆起的腹部，头部后侧的长垂辫及小腹小上翘的短线来判别性别。

器物图像：主要有钟、刀、剑、船等四种器物，其中钟包括羊角钮钟和细钮钟，刀主要是环首刀，剑包括有格或有首剑及扁茎短剑，船主要是小木船。

动物图像：可分为飞禽和走兽两类。兽类图像数量较多，均为侧身，大部分位于体型高大的正身人脚下，个别位于正身人像的旁侧或头顶上，其姿态基本作奔跑状或直立状；飞禽类图像数量较少，仅见于龙州县沉香角岩画中。

圆形图像：数量较多，可分为单环形、双环形、三环形、实心形、空心芒线形等 5种形状。

图腾文化

太阳崇拜：祭日源于人类对太阳的崇拜，在古代世界各个民族中都很盛行，为了求得太阳的保佑，祭祀太阳神便成了人类社会早期最隆重的活动。最常见的方式是举行祭祀仪式、奉献牺牲，并加以记录。花山岩画中描绘了一个光芒四射的太阳下面有 3个顶礼祈祷、虔诚歌舞的人像。

巫术祭祀：骆越民族是农业民族，巫术舞蹈在以祭祀田神（农业神、生育神、春神）和祈求生殖为目的的仪式是不可缺少的。戴面具进行巫术仪式，目的在于通过面具化身为鬼神，在人世间以鬼神的面目出现，主宰整个巫术礼仪，岩画中反映骆越人跳面具舞的图像应与祭祀鬼神的巫术礼仪有关。

生殖崇拜：花山岩画中有许多毫无掩饰地夸大和突出"性"特征的男女人像以及由其组成的舞蹈场面。借助于生殖器的崇拜和男女交媾的图像，祈求怀孕、生育、繁衍，以及土地多产和丰收。

作画技术

花山岩画露天临江的峭壁的独特选址，岩画位于江河的拐弯处，作画的崖壁，选择崖面宽大平整但位置险峻，对作画技术有着极高的要求。根据与岩画相关的遗址和周边地势的分析，骆越人大概采用了至少四种方式接近峭壁来进行岩画绘制（即自下而上攀援法、直接搭架法、自上而下的悬吊法、高水位浮船法）。岩画的绘制技法主要有意法、勾边填涂法以及定位法四种。绘画颜料是使用在岩画遗址中较常见的赤铁矿，主要成分是氧化铁（也称铁红）。颜料中使用的黏合剂，经检测含有植物性的胶结材料（植物树液）。

1.2　宁明花山岩画

宁明花山岩画位于明江东岸，南距花山屯 0.5km。岩画所在的花山海拔为 345m，南面、西北面及江对岸各有一块台地。临江西壁断裂，整个壁面向江边倾斜，山高（距地面）270m、南北长 350m，壁面平直陡峭。宁明花山岩画画面宽约 172m、总面积约 8000m^2。

岩画分别位于宁明花山西侧和西南侧的崖壁上，崖壁略内凹，层理清晰，画面方向朝西南，高出水面约 15~110m，可分为三处，19 组。画面图像以人像为主，清晰可辨认的图像总数为 1951 个，其中正身人像 347 个、侧身人像 1209 个、铜鼓图像 209 个、羊角钮钟图像 7 个、细钮钟图像 5 个、环首刀图像 14 个、有格或有首剑图像 82 个、扁茎短剑图像 1 个、渡船图像 13 个、男女交媾图 1 个、犬类图像 63 个。岩画所属期别分别涵盖了一、二、三、四期。单组画面尺度最大的是第一处第 6 组，画面宽约 41.45m，高 34m，面积约 1409m^2。

图 1-1　宁明花山岩画正摄影像局部

由于自然环境因素的长期作用，花山岩画岩体崩落掉块、片状鳞片状剥离脱落、岩画颜料褪色脱落、岩体裂隙、溶蚀、渗水等病害，对花山岩画造成了严重的破坏，威胁着岩画的长期保存。在环境因素的持续作用下，岩画岩石裂隙不断扩大，在自身重力作用下，或受轻微震动作用即可使其脱离掉落。

图 1-2　花山岩画第一处第 7 组正射影像图

1.3　工程背景

花山岩画存在的严峻问题和保护工作的迫切性引起了中央、国家文物局和地方政府领导的高度重视，同时得到社会和媒体的广泛关注。

2007 年，广西壮族自治区文物局组织召开了"广西宁明花山岩画保护"工作会议，此次会议明确花山岩画保护工作的重点是本体保护。在"花山岩画病害调查工作"以及"岩画开裂岩体粘接加固材料试验研究"专家论证会上，与会专家指出：花山岩画本体病害调查、统计、分析及机理研究工作是保护工作的重点，保护工作的核心是开裂岩体粘接加固材料试验、筛选与选定。建议：一是在科学保护方法研究的同时尽快采取应急性措施稳定岩画，防止那些处于极度不稳定状态的岩画掉落；二是尽快完成花山岩画开裂岩体保护工程方案设计；同时指出：设计单位应该参与花山岩画勘察、试验、实施全过程的工作。

在随后的两年中，中国文化遗产研究院与上海同济大学德赛堡保护材料有限公司合作开展了花山岩画开裂病害加固试验。选择天然水硬性石灰作为胶凝材料开始花山岩画加固保护应用研究。根据花山岩画的岩体条件、环境条件、保护要求，分析岩画对保护材料的要求，通过实验室试验和现场试验，研发了用于花山岩画开裂岩体加固保护的天然水硬性石灰系列胶凝材料，为花山岩画开裂岩体加固保护工程奠定了坚实的科学基础。

同时，中国文化遗产研究院利用财政部基本科研业务费资金支持，围绕花山岩画的保护工作，相继开展了"岩画渗水病害和开裂病害勘察红外成像技术研究""三维激光扫描技术研究""花山岩画颜料防褪色技术研究""岩画开裂岩体粘接加固材料试验研究""花山岩画环境监测指标及技术"等专题研究工作；与上海德赛堡建筑材料有限公司、敦煌研究院合作开展了水硬性石灰性能指标试验及开发研究试验；依据实验室分析数据、监测数据和现场试验结果，针对花山岩画特点，深化水硬性石灰应用试验研究；与中国地质大学合作开展了开裂病害专项勘察、安设环境、气象、温度梯度监测设备，进行水、污染物、岩石成分、力学、热力学等性能指标测试，分析研究花山岩画开裂病害的机理。

在一系列调查和科学研究的工作基础上，2009 年，中国文化遗产研究院编制完成了《广西宁明花山岩画本体开裂岩石第一期应急抢救性加固工程设计方案》，经国家文物局批准后，2009 年 10 月至 2010 年 2 月，中国文化遗产研究院、上海德赛堡保护材料有限公司共同承担并完成了该项应急性保护工程；同时依据现场施工及保护工作需求，编制了《花山岩画岩石开裂病害加固技术手册》。广西壮族自治区文化厅于 2010年 9 月 16 至 19 日组织专家对该项工程进行了验收，认为该项工程施工组织管理科学、合理、规范、系统；施工工艺流程合理；施工质量达到了预期效果；施工资料收集全面，整理系统；设计人员直接指导，现场深化完善设计并参与施工，对于质量控制起到了关键性作用。

此后，中国文化遗产研究院和北京国文琰文物保护有限公司分别承担了第二期第三期保护方案的设计、施工工作。至 2014 年底全部三期的保护工程圆满完成。为花山岩画的保护和后续的申遗工作奠定了良好的基础。

第2章 专项勘察与评估

2.1 前言

分布在广西壮族自治区宁明县驮龙乡耀达村明江右岸花山崖壁上的岩画是战国至东汉时期壮族先民的珍贵遗迹，画面宽约172m，最高处距江面约90m，最低处距江面约30m，面积约为8000多 m^2。现遗存各种图像1900多个，包括人物、马、兽、铜鼓刀、剑、羊角钮钟、船、道路等图形，造型古朴粗犷，人物大小不一，形态各异，整个画面中的各种图像组成了111组神秘的图画，具有重要的历史、文化、艺术和科学价值。花山岩画因其规模宏大、场面壮观、图像众多而闻名于世，堪称广西左江岩画的杰出代表。

几千年来，在各种自然物理及地质营力的长期作用下，花山岩画区产生了岩体开裂、崩落掉块、片状（鳞片状）剥落、岩画颜料层褪色脱落、岩溶覆盖、生物及风化等众多病害，给花山岩画造成了巨大破坏，威胁着岩画的长期保存。其中崖壁表面的岩体开裂不仅威胁着岩画的完整保存，当其体积达到一定程度，且稳定性较差时，将对景区日常维护人员及游客的人身安全带来威胁。时至今日，病害的治理已到刻不容缓的程度，国家及文物局领导多次到现场进行考察并对岩画保护的严峻形势作了重要批示。2008年11月，花山岩画抢救性保护工程正式启动，2009年2月至5月中国文化遗产研究院联合中国地质大学（武汉）文化遗产和岩土文物保护工程中心首先进行了花山岩画抢救性加固保护前的病害勘察工作，对岩画区所发育病害种类及其分布区域进行了调查，查明保护区岩画本体病害的类型、位置、分布特征，进行了病害数量的统计分析及危害性调查。

开裂岩体是指岩画本体立壁岩体因各种裂隙交切、外力扰动、水盐破坏、温度周期变化等因素影响，导致立壁岩体表层片状、块状开裂但尚未完全剥落的现象。在前期对岩画区病害调查的基础上得知，岩体开裂病害为区内病害最为严重的一种病害。随着岩体开裂病害的发展，开裂岩体最终产生剥离掉块，导致所载负的文物本体丧失，对文物造成不可挽回的破坏。因此，防止岩体开裂发生、发育和发展成了花山岩画整个保护工作的重中之重。

2.2 开裂岩体病害专项勘察工作评述

2.2.1 勘察目的及内容

花山岩画前期病害调查自 2009 年 2 月开始，至 2009 年 9 月共进行 2 次，前期调查工作主要对岩画区大范围内所发育的病害进行了调查，初步查清了岩画区所发育的病害种类、病害分布范围及特征。由于现场工作条件的限制、工程进展阶段及针对目标的不同、两期内工作及针对重点略有不同。前期调查显示，在目前所发育的各类病害中，花山岩画岩体开裂病害分布范围最广，对岩画的破坏性最大，且病害发育日趋严重，现存病害部分急需进行治理，部分已脱落及目前所发育的开裂病害严重影响了岩画的完整保存。鉴于此，2009 年 12 月 20 日 ~2010 年 1 月 20 日再次对花山岩画区（脚手架范围）内的开裂岩体病害进行了专项调查统计。

2.2.1.1 勘察工作目的

本次开裂岩体病害专项勘察工作目的为：

（1）在前期工作的基础上详细调查花山岩画岩体开裂病害分布范围，并采用照片、三维成像、图件标识等技术手段对岩画区开裂病害进行准确记录并保存下来。达到现存状态资料的信息留存及为下一步保护修复工作提供基本的分析评估资料，提供修复前后效果对比评估基础资料。

（2）调查记录花山岩画开裂病害的形态、类型、分布特征，分析病害分布的规律和特点，并对现存开裂病害进行危害性评估，为病害机理的研究和制定修复保护对策提供基础资料。

2.2.1.2 勘察工作内容

根据三维测绘结果对若干个区域内岩画开裂病害特征进行详细描述与科学记录。由于前期对花山病害调查研究已形成一套完整思路及程序，所以本次的开裂岩体病害的专项调查沿用前期工作方法及流程，针对岩画本体岩体开裂病害确定了比较详细、全面的调查内容。

本次开裂岩体病害的专项调查工作主要包括以下内容：

（1）现场调查内容

对每一开裂块体进行编号、记录标注符号、所在区域、开裂岩体的形态、裂隙面形态（曲面或平面）、开裂岩体厚度、开裂面积、裂隙口方位（由上向下、由下向上、侧向开裂）、裂隙宽度、裂隙充填情况、开裂面积的比率、稳定性初步评估、现状照片、调查人及调查日期等指标进行详细调查，并填写调查记录表。

（2）室内资料整理

统计总结开裂岩体的病害形式及病害特征，并绘制病害分布特征图，显示病害的分布情况和产生规律。

（3）病害危害程度评估

在现场调查时，对某些病害做出初步评估，以便为病害评估和抢险加固保护提供依据，为此建立危害评估标准依据。危害评估主要是开裂岩体和小型危岩体。开裂岩体（包括小型危岩体）定性为不稳定岩体，根据开裂面积的比率分为 3 个不稳定性评估级别：

a. Ⅰ级不稳定：开裂面积比率 ≥1/2；

b. Ⅱ级不稳定：开裂面积比率 1/2~1/3；

c. Ⅲ级不稳定：开裂面积比率 ≤1/3；

其中Ⅰ级不稳定为临时性抢险加固的对象。

2.2.2　勘察工作程序及方法

开裂岩体病害专项勘察工作以三维测绘图纸、正投影图片以及 CAD 矢量图纸为基本记录基图，进行现场调查记录、标注、描述、分类、分析、评估，建立纸质、电子信息记录。流程及工作方法主要包括以下几个步骤：

现场病害勘察方法：

2.2.2.1. 准备工作

准备好三维测绘成果图，预先进行分区，以便现场病害调查时具体病害的调查编号。将调查工作区域（约 825m²）由左到右（人面对）、由上至下分为 A、B、……、K 区等区。根据工作现场脚手架搭建范围，工作期间可以调查的区域为 B 区的下半部以及 C、D、E、H、I、J、K 区。根据工作需要又将每个大区域分为四个小区域，如 C 区分为 C-1、C-2、C-3、C-4，最终调查区域分区图见图 2-1。

2.2.2.2. 现场测量统计

（1）根据分区编号标准，宏观描述每一开裂岩体的编号、所在区域、开裂岩体的形态、裂隙面形态（曲面或平面）、裂隙口方位（由上向下、由下向上、侧向及其他）、裂隙充填情况，并填入统计调查表。

（2）对开裂岩体厚度、开裂面积、裂隙宽度、开裂面积的比率应用测量工具进行

图 2-1　岩体开裂病害调查分区图

精确测量，并登记入表。

（3）对开裂岩体宏观形态现状进行拍照，进行信息留存。

（4）以三维测绘成果为底图，将开裂岩体分布的区域勾绘成图，进行编号。

（5）综合以上几步调查成果，按拟定评价标准初步评价开裂岩体的稳定性。

2.2.2.3. 室内开裂岩体病害统计分析

（1）将现场记录表格等资料转化为电子数据，分类进行统计。

（2）分析比较统计结果，对病害发育特征、规律进行总结。

2.2.3　勘察所依据规程规范及参考技术资料

本次开裂岩体病害专项调查所依据规范及参考资料如下：

（1）《石质文物病害分类与图示》（WW\T0002-2007）

（2）《广西宁明花山岩画抢救性保护工程本体病害详细勘察调查报告》

2.2.4　岩体开裂病害专项勘察工作成果

通过调查，得到了岩画区开裂岩体的现状成果表，岩画区开裂岩体病害分布图。调查成果主要反映了如下内容：

（1）开裂体几何尺寸，主要有开裂体的长、宽及厚度等几何参数，并通过现场计算机投影、绘制了开裂体的形状，实测、计算得到了开裂岩体的面积；

（2）对裂隙的开口方向进行了记录，分别分为由上向下、由下向上、侧向、四周开裂等；

（3）对裂隙的张开宽度进行了实测，并对裂隙中的充填物进行了初步观察，并将充填物的类型分为：无充填物、钙质及泥质胶结物充填等情况；

（4）对开裂体的宏观形态进行了分类，并对开裂面的几何形状进行了定性观察描述；

（5）在现场调查的基础上，根据开裂体裂缝发育程度，对开裂岩体的危险等级进行了分类。

本次开裂岩体病害补充调查工作自 2009 年 12 月 20 日开始，共历时 1 个月，具体完成工作量详见表 2-1。

表 2-1　完成工作量一览表

	项目	工作量（单位）		项目	工作量（单位）
1	现场勘测总面积	735 m^2	3	病害统计记录表	3025 张
2	病害统计总面积	90.22m^2	4	病害分布图	4 张

2.3　开裂岩体病害现状及其统计分析

花山岩体开裂病害的前期调查工作总共进行了两次，时间分别为 2009 年 3 月和 2009 年 9 月，前期工作主要内容为岩画区各种病害的分类及粗略的统计调查。通过前期的调查发现，岩画区发育，且对岩画完整保存影响最大的病害即为岩体开裂病害。

在本次开裂岩体专项病害调查中，参考中国地质大学对开裂岩体的分类标准，把因岩体构造裂隙为控制因素引起的开裂称为构造开裂，把因风化作用为控制因素引起的开裂称为风化开裂，典型照片见图 2-2、图 2-3。另外，部分开裂岩体病害的形成是上述两个成因的综合作用。

风化开裂主要是岩体在温湿度周期变化、水盐破坏、外力扰动等因素作用下导致岩体表面产生的层片状开裂现象。构造开裂是指岩体在构造运动作用下所产生的节理裂隙等的切割下而产生的岩体与母体局部开裂脱离的现象。通过现场调查发现，以上两种成因产生的开裂岩体具有各自不同的特征，其中风化开裂岩体形成的裂隙面多为曲面，开裂面凹凸起伏呈不规则状，而构造开裂体形成的裂隙面多呈平直规则状。以下分别对开裂岩体病害发育特征进行统计分析。

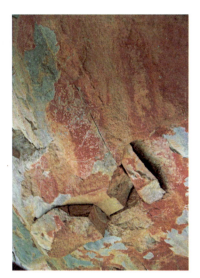

图 2-2　风化片状开裂体　　　　　图 2-3　构造块状开裂体

2.3.1　构造作用控制形成开裂体统计分析

2.3.1.1　构造开裂体厚度与面积分布特征

由于开裂体的厚度在同一开裂体不同部位尺寸不一致，同前文，本部分统一采用调查结果的最大值作为评价标准。

构造裂隙形成的开裂体，其厚度受局部发育的构造裂隙控制，因此厚度相对要大。开裂体最大厚度为 1050mm，最小为 1.5mm。对其开裂厚度划分为 6 个不同厚度等级进行统计分析，统计结果见下表 2-2 构造开裂岩体厚度统计表，图 2-4。

表 2-2　构造开裂岩体厚度统计表

厚度（mm）	1~20	21~40	41~60	61~80	81~100	＞100
个数（n）	330	278	122	49	22	46
百分比（%）	38.96	32.82	14.40	5.79	2.60	5.43
累计百分比（%）	38.96	71.78	86.19	91.97	94.57	100

从统计结果看，构造开裂体的厚度一般集中在 1mm~40mm，此区间占了总体71.78%。其次为厚度在 41~60mm 区间内开裂岩体，占了总体的14.40%。而厚度达 61~80mm 和＞100mm 的开裂岩体分别占了总体的5.79%、5.43%。开裂体厚度为 81~100mm 间的开裂体所占比例最少，为2.60%。总的说来，构造形成的开裂体的大部分厚度为 1~6cm，

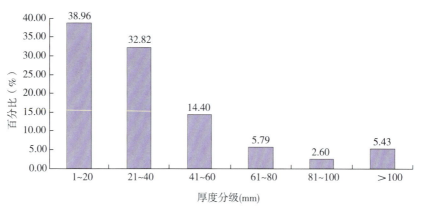

图 2-4　构造开裂岩体厚度分级百分比

另外于调查区内发育部分开裂体厚度较大的开裂体形成危岩体,其厚度大于 10cm,占了总体的 5.43%。

对构造开裂体病害面积进行统计分析,见表 2-3 及图 2-5,由图表可知:构造开裂体面积在 0.0011~0.1m² 范围内的开裂体数量最多,达到了 86.49%。开裂体面积在 0.0001~0.001m² 与 0.1001~1.0m² 间的构造开裂体分别占总数的 4%~9%。单块开裂面积

表 2-3　构造开裂岩体面积统计表

开裂面积（m²）	0.0001~0.001	0.0011~0.01	0.0101~0.1	0.1001~1	＞1.0000
个数（n）	35	396	334	71	8
百分比（%）	4.15	46.92	39.57	8.41	0.95
累计百分比（%）	4.15	51.07	90.64	99.05	100

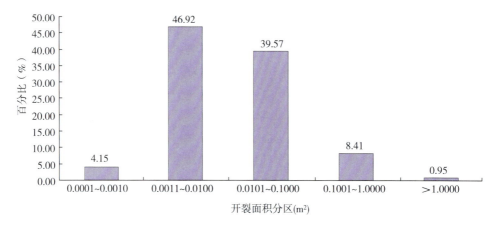

图 2-5　构造裂隙开裂体面积与总开裂体面积比例

达 1m² 的构造开裂体调查范围内总共发育 8 处，占总数的 0.95%，其中较大块开裂体形成危岩体，最大开裂面积达 9.0m²。

2.3.2 构造开裂体裂隙张开特征与充填物分布特征

对构造开裂岩体病害开口方向、张开度、充填情况等发育特征进行统计分析，成果见图 2-6、图 2-7、图 2-8 及表 2-4。

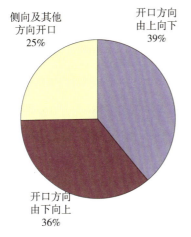

图 2-6 构造开裂体开口方位统计图

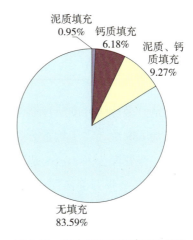

图 2-7 构造开裂体充填情况统计

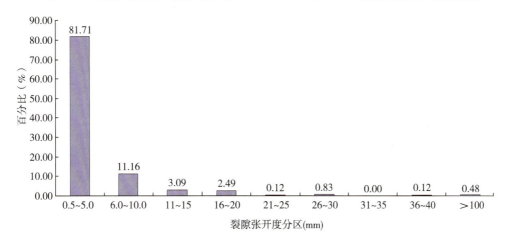

图 2-8 构造开裂岩体裂隙张开度频率分布图

由统计图表可知，调查区内构造裂隙三类开口方向的开裂体比例相近，分布比例在 25%~40% 间。开裂体中充填物以无填充情况为主，约占 83.59%，其次为泥质+钙质填充物情况，约占总数的 9.27%。钙质填充情况占 6.18%。泥质填充情况最少，仅为 0.95%。另外部分裂隙充填其形成原因与生物和灰尘等作用有关。在构造开裂体中 83.59% 的裂隙内基本比较干净，受渗水作用影响不是很强，但是仍然发生了开裂，且开裂程度逐渐严重，由此可知，构造开裂岩体在形成过程中遭受太阳暴晒、温度变化等物理作用的影响较大。

表 2-4　构造开裂岩体张开度统计表

张开度（mm）	0.5~5	6~10	11~15	16~20	21~25	26~30	31~35	36~40	＞100
个数（n）	688	94	26	21	1	7	0	1	4
百分比（%）	81.71	11.16	3.09	2.49	0.12	0.83	0	0.12	0.48
累计百分比（%）	81.71	92.87	95.96	98.46	98.57	99.41	99.41	99.52	100

从构造开裂体张开度统计结果来看，开裂体的裂隙张开度主要为 0.5~5.0mm，调查区内统计为 688 块，占了构造开裂岩体总数的 81.71%。其余张开度区段内开裂岩体的数量较少，张开度为 6~10mm 范围内的构造开裂岩体发育 94 块，占构造开裂岩体总数的 11.16%，其余张开度区段内的开裂岩体均少于 5%。构造开裂体裂隙张开度较大的存在 4 处，其张开度分别达 100mm、120mm、150mm、200mm。

2.3.3　风化作用控制形成开裂体特征及其统计分析

2.3.3.1　风化开裂体厚度与面积分布特征

对风化开裂岩体进行分类统计可得，由风化作用主要因素形成开裂体的岩体最厚处的厚度介于 1~300mm，主要风化开裂体厚度范围为 30mm 以内，占了总数的 94.83%，超过 30mm 厚度的开裂体所占百分比较少，小于 4%。见表 2-4 和图 2-9。

表 3-4　风化开裂岩体厚度统计表

厚度（cm）	0.1~3.0	3.1~6.0	6.1~9.0	9.1~12.0	12.1~15.0	15.1~18.0	18.1~21.0	21.1~24.0	24.1~27.0	27.1~30.0
个数（n）	2037	85	13	5	3	1	2	0	1	1
百分比（%）	94.83	3.96	0.61	0.23	0.14	0.05	0.09	0	0.05	0.05
累计百分比（%）	94.83	98.79	99.39	99.63	99.77	99.81	99.91	99.91	99.95	100

由于部分开裂体同时受构造裂隙和风化作用，所以现场调查时对于部分开裂体是否是风化裂隙为主还是构造裂隙为主进行判断时，往往存在不同意见。调查时，往往

将这一类也归为风化作用，这样个别开裂体厚度达到了将近 300mm。

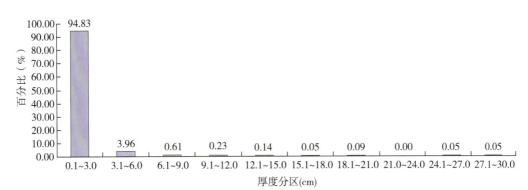

图 2-9　风化裂隙形成开裂体厚度频率分布图

一般情况下，对比构造形成的开裂体，构造开裂岩体的厚度要远比风化开裂体大。构造形成的开裂体厚度主要为 1~10cm，相对于风化开裂体而言，分布范围要广。这是因为，对于灰岩而言，岩体表面风化厚度往往有限，岩体在自然应力作用的风化与受构造软弱面控制来说具有显著的不同。综合分析，花山岩画以风化作用形成的岩体劣化仅限于表层，风化使得岩体多发生片状开裂，仅仅风化作用形成的开裂体厚度应该不超过 5cm 左右。

对风化开裂体的开裂面积进行统计得出，风化开裂体的面积多集中在 0.001~0.05m²，此开裂面积区域段内开裂岩体发育个数占风化开裂体总数的 89.06%，其余开裂面积区域内开裂面积均较小，风化开裂体开裂面积统计结果见表 2-5、图 2-10。

表 2-5　风化开裂岩体面积统计表

面积（m²）	0.0001~0.0005	0.00051~0.0010	0.0011~0.0050	0.0051~0.0100	0.0101~0.0500	0.0501~0.1000	0.1001~0.5000
个数（n）	5	63	893	438	584	95	72
百分比（%）	0.23	2.93	41.53	20.37	27.16	4.42	3.35
累计百分比（%）	0.23	3.16	44.70	65.07	92.23	96.65	100

对比风化开裂体开裂面积与构造开裂体开裂面积发育特征可知，构造开裂体的开裂体面积在整个统计尺寸范围内均有一定分布，相对风化开裂体开裂面积尺寸范围上稍大。开裂面积大于 0.1m² 的风化开裂体比例相对构造开裂体比例要小很多，说明风化开裂体整体上相对构造开裂体开裂面积要小，风化开裂体多为片状小面积开裂体。

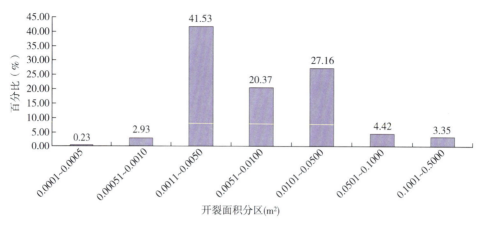

图 2-10　风化开裂体开裂面积统计分布图

2.3.4　风化开裂体裂隙张开特征与充填物分布特征

　　风化开裂岩体的张开度和构造开裂形成的张开度分布规律基本一致（表 2-6 与图 2-11），开裂体张开度主要集中在 0.2~5mm，风化开裂体在这此张开度区间内百分比达到了将近 93.57%。这也表明，不管是构造形成的开裂体，还是风化形成的开

表 2-6　风化开裂体裂隙张开度统计表

张开度（mm）	0.2~5	6~10	11~15	16~20	21~25	26~30
块数（n）	2008	110	18	7	1	2
百分比（%）	93.57	5.13	0.84	0.33	0.05	0.09
累计百分比（%）	93.57	98.70	99.53	99.86	99.91	100

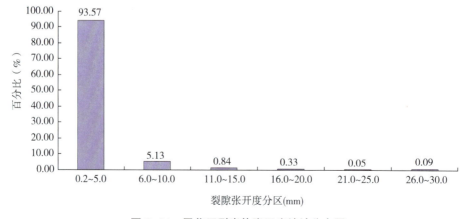

图 2-11　风化开裂岩体张开度统计分布图

裂体，目前开裂体裂隙张开度主要集中在 0.2~5mm 间。另外，比较两者裂隙张开度可见，构造开裂体裂隙张开度分布尺度空间较大，大张开度的开裂岩体较风化开裂体多。

对风化开裂岩体裂隙开口方向进行统计，各开口方向上开裂岩体数目所占开裂岩体总数目的百分数见图 2-12。由图可知，风化开裂岩体的三类开口方向上的分布与构造裂隙开口方向上的分布特征类似，其在三个开口方向上的分布所占比例相近，均在 30%~35% 之间。

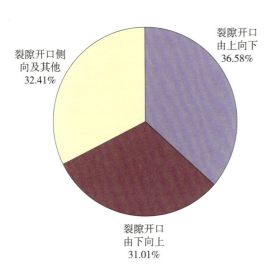

图 2-12　风化开裂体裂隙开口方向统计

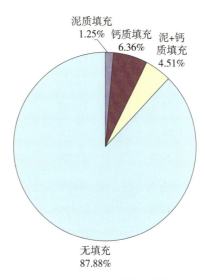

图 2-13　风化开裂体充填情况

在对风化开裂体裂隙填充情况进行调查统计，图 2-13。由图看出：风化开裂体裂隙中的四类充填物填充情况与构造裂隙的填充情况统计结果近似。风化开裂体的四类填充物填充中，无填充情况所占比例高达 87.88%，其余三类填充物的填充所占比例均较小，均低于 7%。钙质填充物的填充所占比例为 6.36，泥 + 钙质填充物填充所占的比例为 4.51%。泥质填充物的填充同样所占比例最低，为 1.25%。

分析风化开裂岩体及构造开裂岩体裂隙内填充物的填充情况可以看出：由于岩画分布区岩体所在的崖壁面上凸下凹，地形地貌使得岩画避免了大量雨水的侵蚀，也避免了雨水携带的泥土在开裂体裂隙内的沉积，与调查的结果中无填充情况所占比例较大相符，开裂体裂隙中 80% 以上均无填充也说明开裂体形成的众多原因中岩体暴露于自然界中常年饱受风吹日晒及大气污染等因素的影响引起岩体表面劣化进而导致岩体开裂为一主要因素。

2.3.5　开裂岩体病害发育总体特征

2.3.5.1　开裂岩体病害分布特征统计分析

通过三次开裂岩体病害的调查工作得出，总共约 735m² 的调查范围内，共发现 3025 处开裂岩体病害，该病害总面积 90.22m²，约占调查区域面积的 12.28%。

表 2-7　开裂岩体病害统计

区域编号	病害面积	病害程度		备注
		占调查分区面积百分比	占总病害面积百分比	
B3	0.0242	0.10%	0.03%	
B4	1.4949	5.98%	1.66%	
C1	0.3011	1.20%	0.33%	
C2	0.6428	2.57%	0.71%	
C3	1.2877	5.15%	1.43%	
C4	1.5616	6.25%	1.73%	
D1	3.4428	13.77%	3.82%	
D2	10.3556	41.42%	11.48%	
D3	4.6477	18.59%	5.15%	
D4	2.8814	11.53%	3.19%	C1、C2、B3、B4、H1、H2、H3 不具备完全调查条件，调查范围仅为分区内部分区域，危岩体统计为开裂岩体
E1	1.3446	4.30%	1.49%	
E2	0.596	1.91%	0.66%	
E3	5.0527	16.17%	5.60%	
E4	1.6978	5.43%	1.88%	
H1	0.0352	0.14%	0.04%	
H2	3.2913	13.17%	3.65%	
H3	0.7329	3.66%	0.81%	
H4	1.0225	5.11%	1.13%	
I1	2.5866	10.35%	2.87%	
I2	4.8961	19.58%	5.43%	
I3	1.6811	8.41%	1.86%	

区域编号	病害面积	病害程度		备注
		占调查分区面积百分比	占总病害面积百分比	
I4	2.4454	12.23%	2.71%	C1、C2、B3、B4、H1、H2、H3 不具备完全调查条件，调查范围仅为分区内部分区域，危岩体统计为开裂岩体
J1	6.8191	27.28%	7.56%	
J2	5.4141	21.66%	6.00%	
J3	9.9063	49.53%	10.98%	
J4	5.0291	25.15%	5.57%	
K1	3.67566	14.70%	4.07%	
K2	1.522	6.09%	1.69%	
K3	3.6417	18.21%	4.04%	
K4	2.1903	10.95%	2.43%	

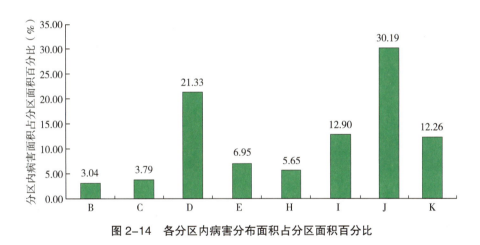

图 2-14 各分区内病害分布面积占分区面积百分比

调查区域内开裂岩体病害分布情况及特征表 2-7、图 2-14 图 2-15 所示。由图 2-14 图 2-15 可知：D、J 区病害最为严重，E、I、K 区较为严重，H、B、C 区相对病害较少。D、J 两分区病害分布面积较大，两区病害占整个调查范围内病害分布总面积的 51.52%。其中：D 区病害 447 块，面积 21.3275m²，占 D 区面积的 21.33%，占病害总面积的 23.64%；J 区病害 584 块，面积 27.1686m²，占 J 区面积的 30.19%，占病害总面积的 30.11%；I 区病害 636 块，面积 11.6092m²，占 I 区面积的 12.90%，占病害总面积的 12.87%；E 区 405 块，面积 8.6911m²，占 E 区面积的 6.95%，占病害总面积的 9.63%；K 区 347 块，面积 11.0297m²，占 K 区面积的 12.26%，占病害总面积的 12.23%；C 区

359 块，面积 3.7932m²，占 C 区面积的 3.79%，占病害总面积的 4.20%；H 区 160 块，面积 5.0819m²，占 H 区面积的 5.65%，占病害总面积 5.63%；B 区 87 块，面积 1.5191m²，占 B 区面积的 3.04%，占病害总面积的 1.68%；B 区开裂岩体病害较少。

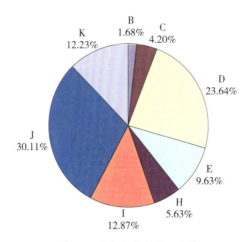

图 2-15　分区开裂岩体病害占总病害面积比例

2.3.5.2　开裂岩体厚度、面积及宏观形态统计分析

现场调查可知，由于开裂体的厚度在同一开裂体不同部位尺寸不一致，因此为了统一评价标准，下面讨论开裂体的厚度时统一采用调查结果的最大值。因此实际开裂体的整体厚度要小于下面的统计值。调查统计发现，开裂岩体厚度主要集中在 1mm~200mm 之间，最大厚度值为 1050mm，最小厚度为 1.00mm，平均厚度 20.94mm。所有开裂岩体中，开裂岩体的厚度不一，2178 处呈片状开裂，847 处为块状开裂，已脱落开裂岩体 30 块。开裂岩体开裂面形态不规则，其中：279 块裂隙面呈平面，2746 块裂隙面呈曲面；开裂岩体厚度及宏观形态统计调查见图 2-16、图 2-17。

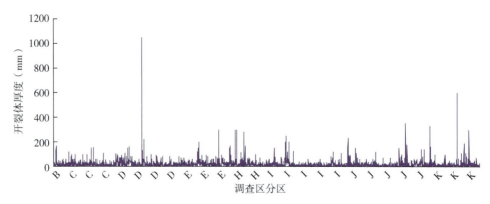

图 2-16　开裂岩体厚度统计

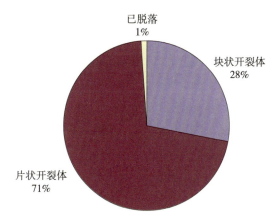

图 2-17　开裂体宏观形态统计分析

对开裂岩体面积进行统计,成果见图 2-18,由图可知,开裂岩体面积多在 0.2m^2 以下,开裂面积较大者主要集中在 D、I、J 三区内,开裂岩体最大面积为 9m^2,最小面积仅为 0.0001m^2,平均面积为 0.0301m^2。

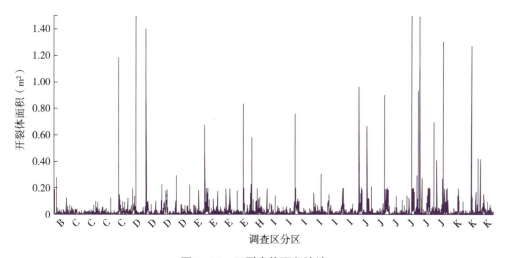

图 2-18　开裂岩体面积统计

2.3.6　开裂岩体裂隙开口方向及张开度统计分析

开裂岩体的裂隙开口方位分为自上而下开裂、自下而上开裂和侧向与其他三类。据调查,各区内开裂岩体开口方位不固定,据不完全统计,调查区内三类开裂方向的开裂体数量相当,以自上而下开裂稍多,占整体的 38%,三类开裂方位的开裂体数量统计见图 2-19。

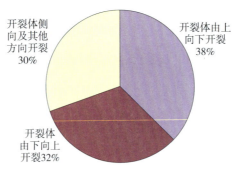

图 2-19　裂隙开口方位

由于对开裂岩体稳定性及后期加固影响较大的指标之一为裂隙的张开宽度，所以裂隙的张开宽度是研究开裂岩体病害严重程度的重要指标，根据调查结果统计显示，开裂岩体裂隙张开宽度多在 0.5mm~20mm 之间，裂隙张开度调查统计成果见图 2-20，平均隙宽为 2.8mm，较大隙宽分别为 200mm、150mm、120mm、100mm，为危岩体形成控制面。

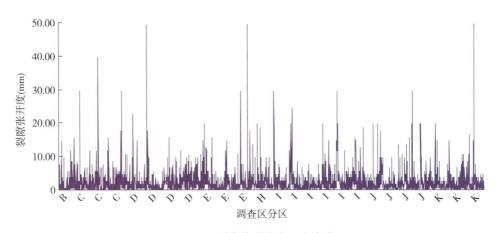

图 2-20　开裂岩体裂隙张开度统计图

对开裂岩体进行统计调查可知：开裂岩体裂隙张开度小于等于 0.5mm 的开裂岩体总数为 570 块，占开裂岩体总数的 19.10%；隙宽 1.0~5.0mm 的开裂岩体总数为 2126 块，占开裂岩体总数的 71.22%；开裂体裂隙隙宽 6.0~10mm 的开裂体总数为 204 块，占开裂岩体总数的 6.83%；开裂体裂隙隙宽 11~15mm 的开裂体数目为 44 块，占开裂体总数的 1.47%；开裂体裂隙隙宽 16~20mm 的开裂体数目为 25 块，占开裂体总数的 0.84%；开裂体裂隙隙宽 21~25mm 的开裂体数目为 2 块，占开裂体总数的 0.07%；开裂体裂隙隙宽 26~30mm 的开裂体数目为 9 块，占开裂体总数的 0.30%；开裂体裂隙隙宽 31~40mm 的开裂体数目为 1 块，占开裂体总数的 0.03%；剩余 100~200mm 较大隙宽的开裂体为 4，分别占总数的 0.13%。对开裂岩体裂隙张开度分区进行比例统计分析，成果见图 2-21。

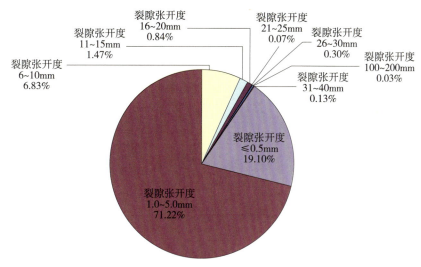

图 2-21　开裂岩体裂隙张开度分区比例统计分析

2.3.6.1　开裂岩体裂隙充填情况统计分析

开裂岩体裂隙内充填情况现场调查发现，由于大部分开裂体裂隙张开度较小，所以开裂体裂隙中无填充情况占多数，比率达 87%。$CaCO_3$ 胶结物充填与泥 + 钙质充填情况相近，均在 6% 左右，仅泥质填充情况较少，仅为 1.17%。开裂体裂隙充填情况统计成果见图 2-22、表 2-8，由图可知：在所有开裂岩体中，裂隙内为泥质胶结物、钙质胶结物充填的块数分别为 35 处和 189 处；两者兼有的为 175 处；开裂体内裂隙无充填物的情况所占比例占 86.67%，为 2595 处。另外，少量开裂裂隙有动物巢穴存在的情况。

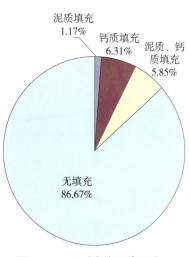

图 2-22　开裂岩体充填物情况

表 2-8　开裂体裂隙填充情况统计

统计比率　　填充情况	泥质填充	钙质填充	泥 + 钙质填充	无填充
开裂体块数	35	189	175	2595
百分比（%）	1.17	6.31	5.85	86.67

采取裂隙泥质充填物进行矿物成分分析，分析结果见下图 2-23、表 2-9（引自中国地质大学所作相关实验报告）。同时给出半定量的含量结果。测试结果表明，主要成分为方解石，另外有少量的石英和长石，黏土矿物（伊利石）的含量只有 5% 作用。这表明，泥质充填物主要来自于裂隙的渗水，通过渗水带来一些非碳酸盐母岩矿物。

表 2-9　裂隙中泥质充填物 XRD 半定量结果

样品编号	方解石	伊利石	石英	长石
HSY-7	68%	5%	25%	2%

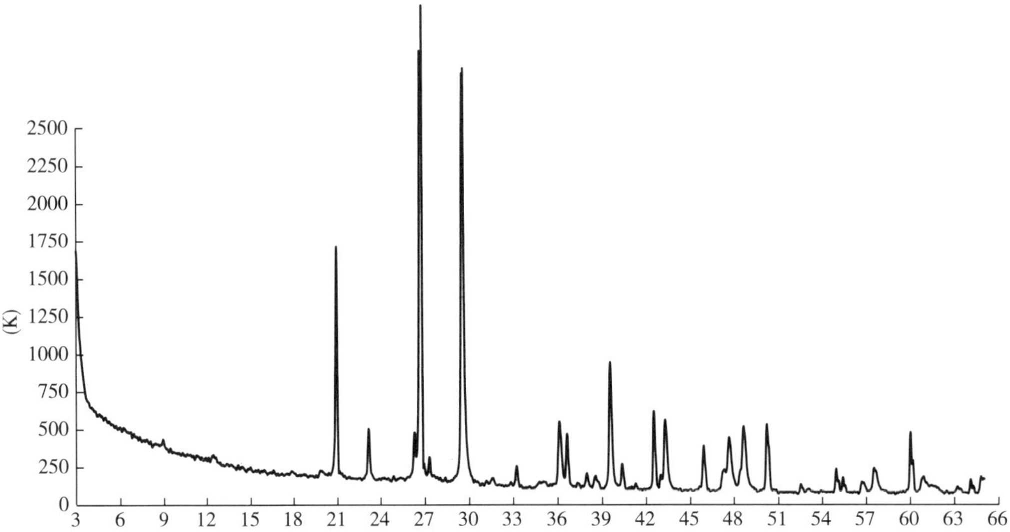

图 2-23　裂隙泥质充填物 XRD 衍射结果图

2.3.6.2　开裂岩体分类统计分析

按病害发育特征将开裂岩体病害细分为构造开裂岩体和风化开裂岩体两类后，结合现场开裂岩体病害调查的情况，对构造开裂岩体进行统计分析，成果见图 2-24、图 2-25、表 2-10、表 2-11。由统计分析成果图可知：开裂岩体病害类型以风化开裂为主，所有调查的开裂岩体中有 2178 块风化开裂岩体，占开裂岩体总数的 72%，但病害单块开裂体病害面积较小，风化开裂体病害约占总病害面积的一半；构造开裂岩体为 847 块，占开裂岩体总数的 28%，虽然其数量所占比例较小，但构造开裂体病害单块病害面积较大，特别是危岩体的发育，构造开裂体病害面积约占病害总面积的一半。

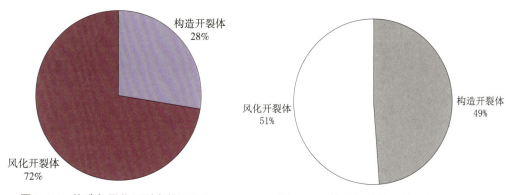

图 2-24　构造与风化开裂个数百分比　　　　　　图 2-25　构造与风化开裂面积百分比

表 2-10　构造开裂与风化开裂统计表

开裂岩体分类	构造开裂体	风化开裂体
统计个数	847	2178
面积（m²）	43.93	46.29
平均面积（m²）	0.0521	0.0215

表 2-11　分区内不同成因开裂体分布特征统计

分区＼类别	构造开裂体分布特征			风化开裂体分布特征		
	块数	A%	B%	块数	A%	B%
B	32	3.78%	36.78%	55	2.53%	63.22%
C	115	13.58%	32.03%	244	11.20%	67.97%
D	161	19.01%	36.02%	286	13.13%	63.98%
E	167	19.72%	41.23%	238	10.93%	58.77%
H	36	4.25%	22.50%	124	5.69%	77.50%
I	116	13.70%	18.24%	520	23.88%	81.76%
J	140	16.53%	23.97%	444	20.39%	76.03%
K	80	9.45%	23.05%	267	12.26%	76.95%

注：A% 为小分区所占本类型开裂体的百分比；B% 为分区开裂体占本区开裂体病害的百分比。

2.4 开裂岩体病害危险性评估

在调查过程中，根据开裂岩体开裂面积与开裂岩体总面积之比（假定该比值为 A）作为判断指标，按照以下标准来判断开裂岩体的稳定程度：

当 $A \geqslant 1/2$ 时，则为Ⅰ级不稳定；

当 $1/3 < A < 1/2$ 时，则为Ⅱ级不稳定；

当 $A \leqslant 1/3$ 时，则为Ⅲ级不稳定。

根据以上岩体开裂稳定性评价标准，对不同稳定状态的开裂岩体病害危害性进行评估如下。

2.4.1 构造开裂体危险性评估

对调查区内构造开裂体的危险性等级进行统计，见图 2-26、表 2-12。由统计结果可知，整体构造开裂体中其危险性等级处于Ⅰ级的占了60.19%，Ⅱ级为 22.77%，两者之和达 83.96%。比相同基数的风化开裂其开裂比例相对要大，这主要因为构造裂隙的贯通性要远好于风化裂隙。

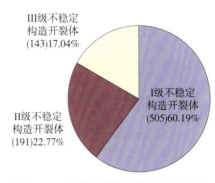

图 2-26　构造开裂体不稳定级别统计

表 2-12　分区构造开裂岩体不稳定程度分级统计（与整个调查区构造开裂体总数作比较）

分级 分区	Ⅰ级		Ⅱ级		Ⅲ级		备注
	块数	百分比	块数	百分比	块数	百分比	
B	22	2.60%	6	0.71%	3	0.35%	部分已脱落开裂岩体不稳定程度按Ⅰ级统计
C	71	8.38%	28	3.31%	16	1.89%	
D	98	11.57%	42	4.96%	18	2.13%	
E	84	9.92%	49	5.79%	34	4.01%	
H	22	2.60%	5	0.59%	8	0.94%	
I	73	8.62%	21	2.48%	21	2.48%	
J	95	11.22%	24	2.83%	20	2.36%	
K	40	4.72%	16	1.89%	23	2.72%	

以全部整体构造开裂体为基数，对分区不同级别构造开裂体统计分析得知：

D、E、J 三区中 I 级不稳定构造开裂体分布较多，分布比率约为 10%~12%。其次为 C、I 两区，其分布比率在 8%~9% 之间。I 级不稳定开裂体分布相对最少的为 B、H、K 三区分布比率为 2%~5%。

对于 II、III 级不稳定构造开裂体，各区内分布比例大体相当，多数集中在 1%~5% 之间。E 区分布 II 及不稳定构造开裂体算占比例最大，为 5.79%。

表 2-13　各分区内构造开裂体不稳定程度统计表（与各区内构造开裂体总数作比较）

分级 分区	I		II		III		备注
	块数	百分比	块数	百分比	块数	百分比	
B	22	70.97%	6	19.35%	3	9.68%	部分已脱落开裂岩体不稳定程度按 I 级统计
C	71	61.74%	28	24.35%	16	13.91%	
D	98	62.03%	42	26.58%	18	11.39%	
E	84	50.30%	49	29.34%	34	20.36%	
H	22	62.86%	5	14.29%	8	22.86%	
I	73	63.48%	21	18.26%	21	18.26%	
J	95	68.35%	24	17.27%	20	14.39%	
K	40	50.63%	16	20.25%	23	29.11%	

对各分区内不同级别构造开裂体的分布特征进行统计，见表 2-13。由表中结果可知，各分区内各种级别的构造开裂体 I 级分布比例最大，均在 50%~71% 之间。其次为 II 级不稳定开裂体，各分区内分布比率在 14%~30% 左右。三种级别的构造开裂体中，III 级不稳定开裂体的分布比率最低，多在 9%~23% 之间。

2.4.2 风化开裂体危险性评估

对调查区内风化开裂体的危险性等级进行统计，见图 2-27。由统计结果可知，整体风化开裂体中其危险性等级处于 I 级的占了 75%，II 级为 16%，III 及的分布占 9%。I、II 级风化开裂岩体分布率之和达 91%。由于风化开裂岩体多为小片状薄层开裂，所以与构造开裂体比较，在其张

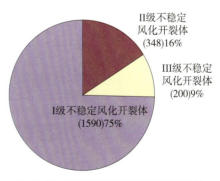

图 2-27　风化开裂体不稳定级别统计

开裂隙具有相同张开度时，其稳定相对较低，病害危险性较大。

表 2-14　分区风化开裂岩体不稳定程度分级统计（与调查区风化开裂体总数作比较）

分级\分区	I		II		III		备注
	块数	百分比	块数	百分比	块数	百分比	
B	44	2.02%	8	0.37%	3	0.14%	部分已脱落开裂岩体不稳定程度按I级统计
C	177	8.13%	45	2.07%	20	0.92%	
D	206	9.46%	51	2.34%	17	0.78%	
E	161	7.39%	46	2.11%	28	1.29%	
H	92	4.22%	17	0.78%	14	0.64%	
I	415	19.05%	62	2.85%	32	1.47%	
J	327	15.01%	62	2.85%	43	1.97%	
K	168	7.71%	57	2.62%	43	1.97%	

相对于整体风化开裂体对分区不同级别风化开裂体统计分析，见表 2-14，由表得知：

I 级不稳定风化开裂体中 I、J 两区分布较多，分布比率约为 15%~20%。其次为 C、D、E、K 四区，其分布比率在 6%~10% 之间。I 级不稳定风化开裂体分布相对最少的为 B、H 两区。

对于 II 级不稳定风化开裂体，各区内分布比例大体相当，多数集中在 2.0%~3.0% 之间，B、H 两区所占比例最小，小于 1%。

对于 III 级不稳定风化开裂体，各区内分布比例多数集中在 1.0%~2.0% 之间，B 两区所占比例最小，为 0.14%。

表 2-15　各分区内风化开裂体不稳定程度统计表（与各区内风化开裂体总数作比较）

分级\分区	I		II		III		备注
	块数	百分比	块数	百分比	块数	百分比	
B	44	80.00%	8	14.55%	3	5.45%	部分已脱落开裂岩体不稳定程度按I级统计
C	177	73.14%	45	18.60%	20	8.26%	
D	206	75.18%	51	18.61%	17	6.20%	

分区＼分级	I		II		III		备注
	块数	百分比	块数	百分比	块数	百分比	
E	161	68.51%	46	19.57%	28	11.91%	部分已脱落开裂岩体不稳定程度按I级统计
H	92	74.80%	17	13.82%	14	11.38%	
I	415	81.53%	62	12.18%	32	6.29%	
J	327	75.69%	62	14.35%	43	9.95%	
K	168	62.69%	57	21.27%	43	16.04%	

对各分区内不同级别风化开裂体的分布特征进行统计，见表 2-15。由表中结果可知，各分区内各种级别的风化开裂体 I 级分布比例最大，均在 60%~80% 之间。其次为 II 级不稳定开裂体，各分区内的分布比率在 10%~20% 间，III 级不稳定开裂岩体仅 E、H、K 三区的分布达到 10% 以上，其余分布在 5%~9% 之间。三种级别的构造开裂体中，III 级不稳定风化开裂体的分布比率最低，多在 5%~16% 之间。

2.4.3 岩体开裂病害危害性总体评估

根据岩体开裂稳定性评价标准，现场调查判定不同稳定状态的开裂岩体总体分布特征见图 2-28 及表 2-16。开裂岩体的稳定情况如图 2-28 所示，其中 2130 块为 I 级不稳定，占开裂岩体总数的 70.74%，538 块为 II 级不稳定，占开裂岩体总数的 17.87%，343 块为 III 级不稳定，占开裂岩体总数的 11.39%，部分开裂岩体已发生脱落。

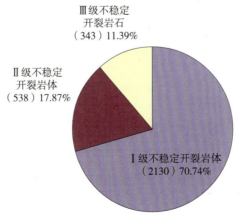

图 2-28 开裂岩体不稳定程度统计

表 2-16　分区开裂岩体不稳定程度分级统计（与调查区开裂岩体总数作比较）

分级＼分区	I 级		II 级		III 级		备注
	块数	百分比	块数	百分比	块数	百分比	
B	66	2.18%	14	0.46%	6	0.20%	部分已脱落开裂岩体不稳定程度按 I 级统计
C	248	8.20%	73	2.41%	36	1.19%	
D	304	10.05%	93	3.07%	35	1.16%	
E	245	8.10%	95	3.14%	62	2.05%	
H	114	3.77%	22	0.73%	22	0.73%	
I	488	16.13%	83	2.74%	53	1.75%	
J	422	13.95%	86	2.84%	63	2.08%	
K	208	6.88%	73	2.41%	66	2.18%	

由上表可以看出，调查区内 I 级不稳定级别的开裂岩体分布特征为：D、I、J 三区内分布比例较大，所占均超过 10%，将此三区定为整体一级开裂危害区，面积大约 282.4m²；次之为 C、E、K 三区，区内 I 级不稳定开裂岩体占总开裂岩体的 6%~9% 之间，将此三区定为整体二级开裂危害区，面积约为 310.42m²；B、H 两区调查范围内 I 级不稳定开裂岩体发育率较低，小于 4%，定为整体三级开裂危害区，面积约 74.5m²，开裂岩体病害危害程度整体分区见图 2-29。

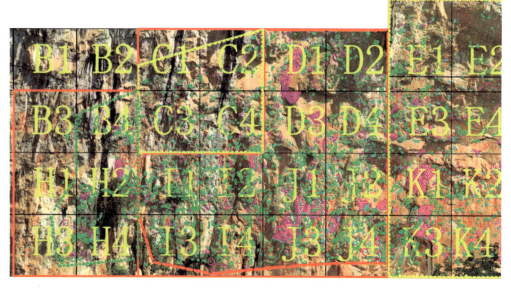

图 2-29　开裂岩体病害危害程度整体分域图

调查区内 II 级不稳定开裂岩体分布特征为：各区内 II 级不稳定开裂岩体分布相近，多为 2%~3% 之间，相对 B、H 两区内 II 级开裂岩体分布较少，均小于 1%。

调查区内 III 级不稳定开裂岩体分布特征为：各分区内 III 级不稳定开裂岩体分布量均较少，仅为 0.2%~2.20%。

2.5　结论与建议

本次在对约 735m² 的调查区进行开裂岩体病害调查的基础上，对开裂岩体病害进行了整体及分类统计分析。有统计分析得出：

（1）在整个调查区范围内，共调查统计开裂岩体病害 3025 处，病害总面积达 92.22m²，病害发育约占调查面积的 12.28%，病害分布图见附图。

（2）调查统计发现，开裂岩体病害厚度多集中在 1~200mm 间，个别危岩体厚度较大，开裂岩体开裂面积多在 0.2m² 以下，其中，D、I、J、K 区多发育开裂面积较大的危岩体。

（3）对开裂岩体开口方向及裂隙填充物调查统计分析得知，所分的三类开口方向的病害发育无一定规律，三者比例相近，开口由上向下者稍多。裂隙内无填充情况的开裂岩体所占比例较大，统计范围内此类填充类型开裂岩体高达 87%。大量无填充开裂岩体的发育与岩画分布区岩体所在的崖壁面上凸下凹的地形地貌有关，其使得岩画避免了大量雨水的侵蚀，及雨水携带的泥土在开裂体裂隙内的沉积。开裂体裂隙无填充也说明了形成开裂体的众多原因中岩体暴露于自然界中常年饱受风吹日晒及大气污染等因素的影响引起岩体表面劣化进而导致岩体开裂为一主要因素。

（4）通过对调查区内开裂岩体的整体及分类统计分析，调查区内开裂岩体病害类型以风化开裂为主，所有调查的开裂岩体中有 2178 块风化开裂岩体，占开裂岩体总数的 72%，但病害单块开裂体病害面积较小，风化开裂体病害约占总病害面积的一半；构造开裂岩体为 847 块，占开裂岩体总数的 28%，虽然其数量所占比例较小，但构造开裂体病害单块病害面积较大，特别是危岩体的发育，使得构造开裂体病害面积约占病害总面积的一半。在各分区发育病害中，D、J 区病害最为严重，E、I、K 区较为严重，H、B、C 区相对病害较少。

（5）通过对开裂体开裂后不稳定程度的分级判定，D、I、J 三区内 I 级不稳定开裂体分布比例较大，占所有开裂岩体的 10% 以上，将此三区定为整体一级开裂危害区，面积大约 282.4m²；C、E、K 三区 I 级不稳定开裂体发育程度次之，定为整体二级开裂危害区，面积约为 310.42m^2；B、H 两区内 I 级不稳定开裂岩体发育率较低，定为整体三级开裂危害区，面积约 74.5m^2。

建议危岩体治理初期首先按上述病害危险程度分区对 I 级不稳定开裂体进行抢险加固。

另外，调查统计发现，较多开裂岩体的裂隙张开度小于 1mm，普通注浆设备及施工工艺将不再适用，在开裂岩体加固过程中应对此类开裂岩体病害进行专门的加固方案设计。

第3章 岩画病害机理研究

3.1 花山区域环境与地质条件

花山地区地处北回归线以南，属温暖亚热带季风型气候，高温多雨，终年少见霜雪。多年平均降雨量 1242.2mm，4~9 月为雨季，占全年雨量的 81.8%，10 月至次年 3 月为旱季，占全年雨量的 18.2%。雨季雨量集中，降雨强度较大。月降雨量最大值达 461.4mm。日最大降雨量为 196.7mm（1953.6.13）。年平均蒸发量为 1663.7mm。空气相对湿度较大，年平均值为 79%。

多年平均气温 19~22℃，冬季 1 月最冷，平均气温 13.3℃，夏季 7 月最热，平均气温 28.4℃，年度平均温差 15.1℃。历年极端最高气温达 40.8℃（1958 年 5 月），历年极端最低气温 –2.4℃（1967 年 1 月）。极端气温变幅达 43.2℃。

受地形影响，区内风速较小，年平均风速为 1.3m/s，4 至 9 月多吹东至西南风，10 月至次年 3 月多吹东至东北风。全年以东风频率最大，东北风、西南风次之。区内大风多为东北风，最大风速 17~20m/s。每年 6 至 9 月常受台风侵袭。花山崖壁走向为 NNW 向，受西南风的影响较大。

明江是左江上游南岸的最大支流，在本区的河面宽度约 120m，常年水位为 103~108m。明江历来常有洪水发生，每年 7~9 月，当台风影响明江流域的时候，暴雨倾盆而下，雨量非常集中，强度大，历时短，往往酿成灾害性洪水。历史记录，花山地区最高洪水位为 121.04m（1986 年 7 月 23 日），高于花山岩画区的平台面 1.5m。

3.2 岩画岩体温度场特征

3.2.1 光照度

花山岩画岩体的温度场与季节、天气、光照度密切相关。夏季、秋季光照度明显高于冬季、春季。天气晴朗时，日光照时间平均 12 小时左右，阴天或云彩遮挡时，光照度大幅降低，是晴朗天气的 1/5~1/10。天气晴朗时，最强光照度出现在下午 15:00 左右。光照度除了直接影响空气温度外，其辐射作用对岩画岩体、局部区域小环境等温度场也产生作用。

崖壁岩体温度的变化主要因素是太阳光的热辐射，少部分来源于大气与岩体之间的热传导。

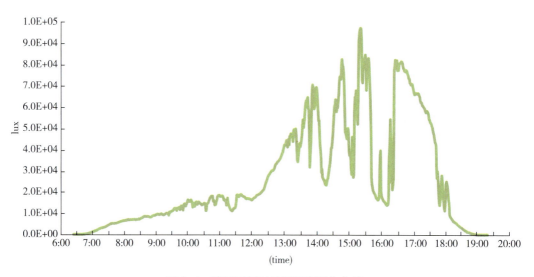

图 3-1　晴朗天气时日光照度变化曲线

3.2.2　大气温度与岩体表面温度

岩画区域大气温度和岩体表面温度动态过程基本趋于一致，岩体表面温度变

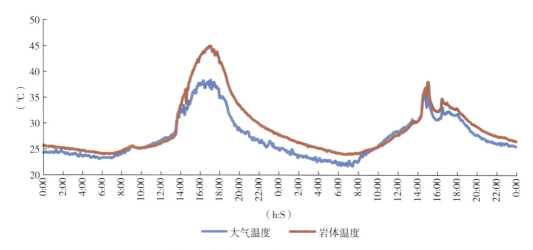

图 3-2　大气温度与岩体温度动态变化曲线（5 月 3~4 日）

化较大气温度变化平缓，并滞后于大气温度变化，岩体的峰值和大气的峰值基本同步，或者表现为岩体峰值稍有滞后特征。大多数时间岩体温度要高于大气温度，仅仅在早上 10:00 到下午 14:00 会出现岩体温度略低于大气温度温差曲线呈负值。14:00 以后，由于西晒，大气温度和岩体温度一般均表现为上升趋势，岩体表面温度上升特别迅速，温差将出现峰值。下午 17:00 左右开始缓慢下降。每天早上 6:00~8:00 两者均出现最低值，然后缓慢上升，这时大气温度上升速度略快于岩石温度，短时间内出现大气温度高于岩体温度的现象。

　　崖壁温度的升高少部分来源于大气与岩体之间的热传导，主要因素是太阳西晒的热辐射。

图 3-3　岩体与大气的温差曲线（5 月 3~4 日）

3.2.3　表层岩体温度梯度

　　根据不同深度岩体温度监测数据，0~5cm 深度区域的岩体温度明显受大气温度的影响，随大气温度呈规律性变化，温度波动比较剧烈，15cm 深度以后受大气温度的影响较小，温度波动较小。

　　岩体最高温度峰值一般在下午 17:00~18:00 之间，与太阳光照度最强烈的时间滞后，说明山体温度的升高明显滞后于太阳辐射。

　　晚上环境温度小于岩体表面的温度，山体朝外散热，岩体内部温度高于岩体表面温度；下午太阳辐射，岩体表面温度迅速上升，表面温度将迅速高于岩体内部温度，热的传导方向是由外界朝向山体。

0~5cm、5~15cm、15~30cm、30~50cm 的温度梯度值：

$$t_{inc} = \frac{t_i - t_{i-1}}{d_i - d_{i-1}}$$

式中，t_i、t_{i-1} 为 i、$i-1$ 点的温度值；

d_i、d_{i-1} 为 i、$i-1$ 点距离崖壁表面的距离。

据此可作出各段温度梯度随时间的变化曲线图。

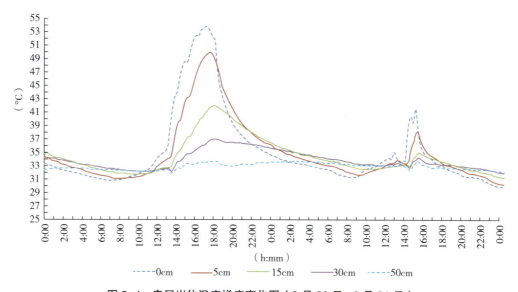

图 3-4　表层岩体温度梯度变化图（9 月 20 日 ~9 月 21 日）

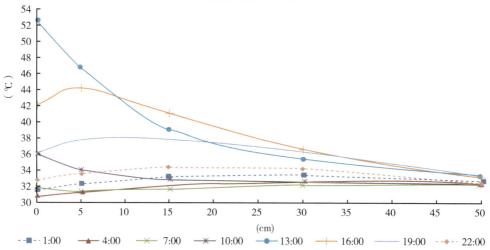

图 3-5　表层岩体温度随深度变化曲线（9 月 20 日）

岩体温度梯度在表层 0~5cm 变化特别大，往内部随深度减弱。在天气晴朗的情况下，表层 5cm 的温度梯度可以达到 130℃/m，这样有利于岩体表面出现差异风化，并最终导致岩体开裂。

3.2.4 环境湿度

花山岩画区域环境湿度受季节、光照度影响比较大。冬季湿度低，最低湿度只有 15%，夏季湿度高。受光照度影响，日环境湿度波动变化比较大，最高湿度出现在凌晨 4:00~7:00，湿度一般大于 90%；最低湿度出现在下午 14:00~17:00，湿度变化范围 15%~30%。

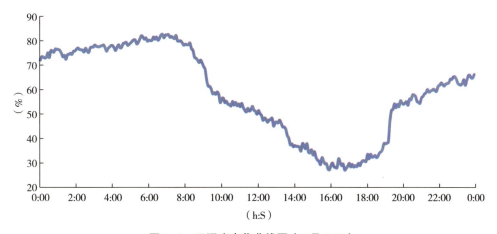

图 3-6 日湿度变化曲线图（5 月 3 日）

环境温度、湿度的变化，在崖壁岩体表面经常形成凝结水。凝结水不仅会在崖壁表面形成，也会在与崖壁连通的一些构造裂隙、风化裂隙中形成。在这些裂隙内部的温度很底、湿度更大。在大气环境的露点温度一定时，裂隙内部比崖壁表面更容易产生凝结水。凝结水的形成不但与温度和湿度有关，还与空气流通性有密切的关系。岩体开裂后，开裂体和内部相对完整的山体之间的温差可达 10℃ 以上，裂隙内部除了温差大以外，空气的流通性也相对要差，更有利于凝结水形成。

3.3 花山岩性特征

花山岩画岩石主要化学成分为 CaO 和 MgO，二者之比介于 8.6:1~6.2:1 之间。主要由方解石组成，约占岩样的 98%，并含少量的白云石。属于比较纯的灰岩。

表 3-1　花山岩体化学成分分析结果

测试项目（%）	SiO$_2$	CaO	MgO	K$_2$O	Na$_2$O	Fe$_2$O$_3$	Al$_2$O$_3$	TiO$_2$	P$_2$O$_5$	MnO	SO$_3$	烧失量	合计
生物碎屑灰岩 1	1.14	51.48	6.00	0.3	0.27	0.097	0.21	0.005	0.022	0	0	41.12	100.64
生物碎屑灰岩 2	0.25	47.8	7.76	0	0	0.06	0.06	0	0	0	0.06	44.39	100.38

　　对花山岩画岩石的微观特征进行了 SEM 测试，从微观结构形态看，样品主要由方解石及白云石组成，方解石为主体。矿物晶形良好，解离面发育，岩石矿物颗粒直径约为 0.1~0.2mm 左右。

　　岩石结构相对致密，但在颗粒之间仍然发育有粒间孔、晶间孔和裂隙，这些局部孔隙的张开度一般较小。沿上述孔隙发育有不同程度的溶蚀现象，溶蚀孔形状不规则，大小约为 1~20μm。

　　总的说来，花山岩画岩体的矿物成分主要为方解石，含少量白云岩，对环境污染敏感。岩石的微观结构形态整体致密，但微观裂隙、孔隙发育，见溶蚀现象。

表 3-2　花山岩画崖壁灰岩微观结构 SEM 测试成果表

底片号	倍数	描述	底片号	倍数	描述
2074	×150	结构相对紧密	2080	×2400	白云石、溶蚀孔
2075	×150	不规则孔隙	2081	×3000	溶蚀孔
2076	×390	解理	2082	×1000	表面溶蚀
2077	×650	溶蚀孔	2083	×1300	溶蚀孔和粒间孔
2078	×1300	方解石、白云石	2086	×10000	方解石解理面
2079	×10000	方解石	2087	×3300	结构致密

3.4　环境污染

　　岩体开裂裂隙中粉末除了方解石，少量白云石、石英外，检测出来自大气污染物的硫酸盐石膏等可溶盐，但岩石开裂过程中大多没有渗水的参与，因此大气污染应该是形成这一开裂体的主要原因。另外，断口处的粉末状松散物质和普通的钙化沉淀物从结构形态上有明显差别，普通钙化沉淀物应该以胶结状态堆积起来，而不是形成粉末。这些粉末状物质很可能是大气中的扬尘（粉末中含石英）和酸性物质进入岩体的裂隙中，与岩体发生溶蚀、风化作用的产物。太阳西晒时，风化物蒸发失水，形成无水石膏等硫酸盐。在环境温度降低和湿度增加的情况下，硫酸盐吸水膨胀，导致岩体表层顺裂隙面扩张开裂。

3.5　花山岩石热力学性能

花山石灰岩剥落体的导热系数最高，为 0.893 W/m.k；石灰岩的导热系数为 0.605~0.780 W/m.k；石钟乳的导热系数较低，为 0.231~0.490 W/m.k。石灰岩和石钟乳的比热均随温度的升高而增大。在相同的温度下，石灰岩的比热低于石钟乳，在高温情况下尤其如此。石灰岩和石钟乳的热膨胀性均较差，石灰岩的热膨胀性低于石钟乳。

表 3–3　花山岩石的导热系数与比热

岩石名称	导热系数（W/m.k）	不同温度下的比热（cal/g·℃）								
		40.2°	43.4°	46.6°	49.9°	53.1°	59.6°	66.2°	72.7°	79.2°
生物碎屑灰岩	0.605~0.780	0.2104	0.210	0.2108	0.2120	0.2133	0.2155	0.2173	0.2188	0.2196
灰岩剥落	0.893	0.2090	0.2086	0.2090	0.2102	0.214	0.2136	0.2152	0.2166	0.2173
钟乳石 1		0.2056	0.2061	0.2071	0.2086	0.2101	0.2129	0.2151	0.2179	0.2198
钟乳石 2		0.2141	0.2150	0.2166	0.2188	0.2210	0.2255	0.2294	0.2339	0.2374
钟乳石 3	0.490	0.2101	0.2120	0.2139	0.2161	0.2181	0.2218	0.2243	0.2273	0.2292
钟乳石 4	0.231	0.2055	0.2066	0.2079	0.2097	0.2113	0.2143	0.2164	0.2188	0.2203
钟乳石 5	0.439	0.2132	0.2145	0.2164	0.2187	0.2209	0.2253	0.2291	0.2335	0.2367

表 3–4　花山岩石的线性热膨胀率

岩石名称	不同温度下的线性热膨胀率（%）							
	27°	50°	80°	90°	100°	120°	160°	200°
生物碎屑灰岩	0.02	0.02	0.02	0.02	0.022	0.03	0.048	0.076
灰岩风化剥落	0.02	0.02	0.02	0.02	0.023	0.026	0.046	0.076

续表 3-4

岩石名称	不同温度下的线性热膨胀率（%）							
	27°	50°	80°	90°	100°	120°	160°	200°
钟乳石 1	0.02	0.02	0.025	0.033	0.043	0.066	0.145	0.234
钟乳石 2	0.02	0.02	0.02	0.02	0.02	0.02	0.02	0.03
钟乳石 3	0.02	0.02	0.02	0.02	0.02	0.02	0.03	0.062
钟乳石 4	0.02	0.02	0.02	0.02	0.02	0.031	0.079	0.147
钟乳石 5	0.02	0.002	0.002	0.02	0.02	0.02	0.03	0.058

表 3-5　花山岩石的热学性质指标

岩石名称	不同温度下的线膨胀系数（$\times 10^{-7}/℃$）R							
	27°	50°	80°	90°	100°	120°	160°	200°
生物碎屑灰岩	0.00	5.50	5.50	5.50	7.09	13.43	22.75	33.26
灰岩风化剥落	0.00	5.50	5.50	5.85	8.63	10.71	21.52	33.63
钟乳石 1	0.00	5.50	12.08	20.12	28.13	43.88	83.63	112.41
钟乳石 2	0.00	5.50	5.50	5.50	5.50	5.50	5.50	10.74
钟乳石 3	0.00	5.50	5.50	5.50	5.50	5.79	12.02	26.36
钟乳石 4	0.00	5.50	5.50	5.50	5.50	14.39	43.38	69.00
钟乳石 5	0.00	5.50	5.50	5.50	5.50	5.50	11.71	24.54

注：R 的计算公式为：$R=(L_i-L_0)/CL_i \times (t_i-t_0)$

花山石灰岩的线膨胀系数为 $3\sim4\times10^{-6}$/K，略低于云冈石刻的杂砂岩。当昼夜温差在 40℃ 的时候，其膨胀收缩率为 0.12~0.16mm/m，也就是 1m 可以产生 0.12~0.16mm 的变形量。

3.6　花山岩体构造特征

花山断层是本区的控制性断层。该断层纵贯全区，长约 20.5km，走向呈弧形弯曲，转折起伏不平。区域内该断层走向 NNW。为一压扭性断层，断层两盘张开 30~50cm，中间有泥质充填，沿断裂面溶蚀现象比较发育，在层面裂隙和断层相交处可见大小不一的石钟乳和溶孔，溶孔直径约为 20~40cm。花山岩画区位于该断层的北端，在断层的切割及河流侵蚀作用下，形成了高约 140m、宽约 300m 的断壁。花山岩画就分布在这一断壁之上。

F1 断层位于花山岩画区山腰梯道北侧。断层走向为 NE25°，断层面产状为 115°∠85°。断面呈弧形转折，属花山断层的分支断层。断层面溶蚀现象比较严重，沿断层有岩浆侵入。区域上岩浆岩主要分布在十万大山向斜以北的凭祥－东门大断裂两侧，保护区内仅见沿 F2 断层出露的岩脉，出露长度约 28m。岩浆岩的岩性为花岗斑岩，露头风化十分严重。

花山岩画立壁内无大断层发育，但立壁岩体发育构造裂隙与断层 F1 和分支断层 F2 具有一定的相关性和继承性。

在断层两盘相对运动的过程中，断层一盘或者两盘的岩石中常产生派生的张拉裂隙和剪切裂隙。这些派生的裂隙与主断层斜交，其交角大小因派生裂隙的力学性质不同而异。羽状张剪裂隙（或断层）与主断层常成 45° 相交，羽状张剪裂隙（或断层）与主断层所交锐角指示裂隙所在盘的运动方向。这类张剪裂隙面相对有一定起伏。

各组裂隙之间的相互切割及裂隙与断层的相互组合，是构成岩画表面岩体开裂的主要因素。

3.7　花山岩画岩体开裂机理分析

花山岩画的石灰岩本体在自然环境中易遭到风化剥蚀而开裂，其风化开裂过程主要受到下列因素制约：①岩石自身的组成、结构和构造缺陷；②区域控制性地质构造；③地形地貌特征；④太阳辐射；⑤温差；⑥湿度；⑦裂隙渗水；⑧大气污染物质等。经一系列现场勘察、试验和室内研究，花山岩画岩体开裂机理大致如下：

（1）花山断层是区域性地质构造控制因素之一，也是花山岩画开裂岩体的主要控制内因。

花山断层决定了花山的地貌特征、区域内分支断裂和构造裂隙的分布与类型，控制着区域内的山形地势。花山断层形成的高陡平直反倾的崖壁，为岩画的创作和保存提供了良好的条件，同时也为岩画的开裂留下了祸根。花山崖壁的朝向，决定了岩画要承受西晒引发的温差涨裂。花山崖壁上发育的构造裂隙与层面裂隙是导致岩画岩体开裂、脱落的主要原因，并控制着岩画区危岩体的发育和渗水病害。在构造裂隙相互切割的交叉部位，往往是构造应力集中、构造劣化作用强烈的部位。现场检测表明，在构造裂隙密集部位和渗水层面裂隙下方岩体表面力学性质劣化。当断层相对错动，形成花山岩画崖壁后，崖壁外侧临空，这些凸出部位山体的水平支撑应力损失，在重力作用下于凸出部位形成拉应力场，易于张拉开裂。构造裂隙的分布使崖壁表面凸凹不平。

（2）岩画崖壁的延展方向及其地貌特征，为太阳直接辐射作用提供了条件。

由于岩画崖壁朝向西面，岩体表面直接置于大气环境之中，天气晴朗情况下，下午最大光照度可以达到 $9.73 \times 10^4 Lux$，阴天最大光照度仅为 $1.09 \times 10^4 Lux$，约为晴天的 1/10。崖壁凸凹不平，岩体的凸出部位或岩体拐角处遭受太阳直射的机率更大。太阳光的热辐射导致岩体温度大幅度升高，岩体表面温度波动幅度大，可以达到 23℃ 以上。

（3）温差应力变化是导致花山岩画表面开裂的主要因素。

崖壁温度的升高部分来自于大气与岩体之间的热传导，但主要因素是太阳辐射。在太阳照射下，岩体表面温度升高，并逐渐影响岩体内部的一定范围内温度逐渐提升，形成次生的温度应力场。岩体内外温度变化的差异性形成高的温度梯度场，是导致花山岩体开裂的最主要的因素之一。岩体温度梯度的剧烈波动，会造成表层岩体温差应力巨幅变化。温差应力使岩体表层处于张裂状态，特别是当岩体表面处于低温收缩状态而岩体内部仍然因较高的温度保持膨胀状态时，形成的平行崖壁的张拉应力对岩体的破坏特别严重，加速岩体表层的开裂，特别是当表面岩体力学强度在风化作用下降低，热力学性质改变的情况下，这种作用更加明显。大量的研究表明，由热和水汽导致的膨胀收缩均为不可恢复的。这种不可恢复的变形在受热膨胀吸水膨胀与不膨胀的岩石内部产生应力，导致裂纹。这种现象在很多劣化的石材的表面得到验证。

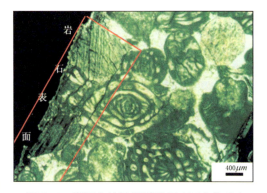

图 3-7 岩石中的显微裂隙组（正交偏光）

（4）环境污染可能是岩画加速掉块的诱发因素。

环境污染以渗水为影响途径，在崖壁裂隙中形成一系列易溶盐和中溶盐。在崖壁西晒的高温情况下，这些盐将以无水相态为主。湿度升高及温度降低后，无水盐类将吸水膨胀，导致岩体开裂破坏。

在没有渗水作用的部位，大气污染也会导致岩体开裂，破坏过程中，很可能也有石膏等硫酸盐参与。

（5）孔隙凝结水也可能是导致岩画开裂的因素之一。

岩画崖体由具有微孔隙、低渗透性的石灰岩所组成，孔隙率在 2.87%~3.00% 之间，尽管孔隙微小，却足以使气态水分子自由通过。当岩画立壁白天受阳光照射后，岩石内部温度比表面低，孔隙内部饱和水汽压比外界还低，根据水汽凝结总是最先出现在最低温度界面附近的原则，水汽凝结首先从岩石外界沟通的孔隙网络中温度最低处开始，逐渐向外扩展。在外界饱和水汽源源不断供给的条件下，孔隙会逐渐被凝结水充满。由于花山地区的相对湿度很高，意味着凝结水不仅可在立壁岩石表面形成，亦可通过孔隙在岩石内部形成，形成深度受控于孔隙网络发育尺度、与外界联系的通畅性以及温度分布等因素，孔隙中凝结水形成时间可早于岩石表面的凝结水。因此，凝结水在花山岩画岩石风化中的作用不可忽视，尤其是通过孔隙网络进入岩石内部的凝结水所引起的风化更具破坏作用。此外，当空气相对湿度增大时，水汽压增高，岩石表面附近空气温度较低，水汽极易达到饱和，岩石表面的饱和水汽压低于周围空气中的饱和水汽压，于是水汽以附着在岩石表面或空气中的微粒（粉尘、花粉孢子、SO_2 等）作为凝结核进行凝结，形成凝结水附着在岩石表面。将空气污染物等有害物质带入，从而为化学风化创造了条件或加速了化学风化。

3.8　花山岩画本体开裂变形量分析

初步的研究表明，导致花山岩画本体开裂的主要原因是温差导致的热胀冷缩，其次为水汽导致的湿胀和干缩[2]。

热膨胀可以用线膨胀系数及体积膨胀系数来描述：

线膨胀系数：

$$\alpha = \frac{1}{L} \cdot \frac{\Delta L}{\Delta T}$$

体积膨胀系数：

$$\gamma = \frac{1}{V_0} \left(\frac{\partial V}{\partial T} \right)_P$$

其中固体材料通常使用线膨胀系数来描述，而流体材料通常使用体积膨胀系数来描述。

花山石灰岩及常见材料的线膨胀系数为 $3\text{-}4 \times 10^{-6}/K$，略低于云冈石刻的杂砂岩（表 3-6）。从表中可以看出当昼夜温差在 40℃ 的时候，其膨胀收缩率为 0.12~0.16mm/m，也就是 1m 可以产生 0.12~0.16mm 的变形量。

表 3-6　部分材料的热膨胀系数 [

材料类型	线膨胀系数 10⁻⁶/K	温差 40℃ 时的膨胀收缩率（mm/m）
花山石灰岩	4~5	0.16~0.20
云冈杂砂岩	5.5	0.46
	11.5	0.22
花岗石	8~11.8	0.32~0.47
石灰岩	3.3~4.4	0.13~0.18
水泥	6~14	0.24~0.56
混凝土	9~12	0.36~0.48
无机修复砂浆 / 防潮吸盐类	6.2~7.4	0.25~0.29
普通玻璃	4.5~7.6	0.18~0.30
玻璃陶瓷	<0.1	<0.01
水晶玻璃	0.5	0.02
粘土砖	5.0	0.2
丙烯酸树脂	85	3.4
环氧树脂	60~65	2.4~2.6
PVC	125~180	5.0~7.2
尼龙	120	4.8
不锈钢	14~16	0.56~0.64
碳纤维（延长方向）	-0.5	-0.02
空气	3730~3750	0.149~0.15

　　大量的研究表明，由热和水汽导致的膨胀收缩是不可恢复的。这种不可恢复的变形在受热膨胀、吸水膨胀与不膨胀的岩石内部产生应力，导致裂纹。这种现象在很多劣化的石材的表面得到验证。

第4章 加固材料研究

对花山岩画裂缝病害的分析可以看出，对花山岩画本体的裂缝变化的环境影响因素为温差变化为主，干湿变化为辅，这种裂缝的长度和宽度会随温差及干湿交替变化而轻微变化。由于无法控制花山岩画本体的温湿度，因此病因无法得到根除或缓解，裂缝会继续发展，直到表层岩片与基岩完全分离为止。因此必须采取一定的干预手段将开裂的石材粘结起来，缓解开裂分解的程度和速度。

根据这一指导原则，现在使用的材料和工艺必须为将来的加固与维修在可持续性方面提供可能性。采用与花山岩画石材在化学成分上相近的无机材料是本次加固的首选；加固好的岩片如果再开裂应该沿着已有的主要裂缝发展，而不要产生新的裂纹，或使次要裂缝变成主要裂缝，所以要求新的加固粘结材料的强度远低于花山石灰岩本身的强度；加固粘结材料要尽可能缓解凝结水对岩画的影响。

4.1 粘结加固材料的选择

4.1.1 粘结加固材料的比较

目前对于石材等无机材料的加固粘结，国际上采用过的材料有很多种，可以大致分为无机及其改性材料和有机材料及其改性材料两大类[1]。

曾经使用过的有机合成树脂及其改性材料包括：1）环氧树脂；2）丙烯酸树脂；3）聚氨酯；4）有机硅树脂；5）正癸酸乙酯及其软化衍生材料；6）聚酯（PE）。

曾经使用过的无机粘结加固材料及其改性材料包括1）水泥；2）硅酸盐（水玻璃）（包括甲基/锂基硅酸盐）；3）纯石灰（CL）及分散石灰（DHL）；4）水硬性石灰（NHL）。使用过的传统无机有机复合材料还包括桐油石灰、糯米石灰等。

4.1.1.1 环氧树脂

环氧树脂是建筑工程中应用最广的裂隙粘结加固材料，从 20 世纪 70 年代到 90 年代，在文物保护工程中也大量应用，花山岩画也采用了环氧树脂进行过试验（图4-1）。但是环氧树脂的主要问题是强度太高，常常是加固粘结好的裂缝本身不开裂，在其周边的位置重新出现开裂。同时环氧树脂不耐紫外线，在很短的时间内就会变色；不透气，仅适合没有水的裂缝的粘结；而且环氧树脂的热膨胀性比石材高约10倍（图4-2），可施工性差，流淌的部位只有在很短时间内用溶剂清洁，固化后只能采用机械的方法清洁，这会对岩画本身造成极大伤害。花山岩壁全年均有形成凝结水的条件，使溶剂型树脂类的粘结材料的使用受到限制。

 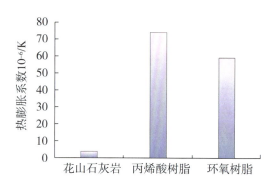

图4-1　采用环氧树脂粘结的花山裂缝　　　图4-2　花山石灰岩与有机树脂的热膨胀性能比较

4.1.1.2　丙烯酸树脂

另外一种在石灰岩、汉白玉等碳酸盐类石材加固中使用过的材料为丙烯酸树脂，尽管丙烯酸树脂耐紫外线的能力要好于环氧树脂，变色程度相对要小，但是由于其透气性差（图4-3），热膨胀系数高（图4-2）使得其在文物修复中的应用越来越受到限制。例如，汉白玉试验面采用丙烯酸树脂修复加固，加固后的汉白玉放置户外处于潮湿状态，放置一段时间后，打开加固面进行观察（图4-4），发现潮气只能从风化薄弱的汉白

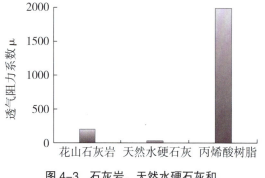 

图4-3　石灰岩、天然水硬石灰和　　　　　图4-4　采用丙烯酸树脂修复、
　　　丙烯酸树脂的透气性比较　　　　　　　　　水泥勾缝的汉白玉

玉（图4-4左侧）中扩散，导致应当受到的保护的汉白玉损坏速度加快。说明丙烯酸树脂不适合暴露在户外的石灰岩汉白玉的加固修复。现在丙烯酸树脂已经越来越少地应用在石材的修复中。

图4-5　采用硅橡胶粘结
试验的花山裂缝

4.1.1.3　硅橡胶

硅橡胶为网状结构的有机硅树脂，与其他几种有机树脂相比，它具有非常好的耐候性，在民用工程中如幕墙大量使用。但是硅橡胶不吸水，不透气，在岩画本体上的可操作性差，不适合花山本体开裂的加固粘结（图4-5）。

4.1.1.4　水泥及其他无机材料

水泥是除环氧树脂外应用最多的加固粘结材料，它在文物建筑的混凝土结构砖石砌体等加固中得到广泛应用，其强度可以通过添加各种助剂来进行调整。德国 Weimar 大学，成功开发了低强度的泡沫混凝土，但是由于其含有很高的水溶盐（图4-6），在文物和历史建筑修缮中的应用越来越少。

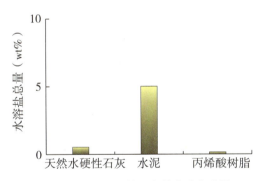

图4-6　天然水硬性石灰的水溶盐比较

综上所述，目前常规的粘结加固材料，环氧树脂丙烯酸树脂或者水泥，均不适合花山岩画本体开裂岩体的加固粘结，有必要选择更适合的材料。通过对现场的调研及国际上类似案例的最新成果，优化的天然水硬性石灰是目前比较适合的材料。

花山开裂岩画本体粘结加固材料分成两类，一类是填充粘结材料，第二类是灌注粘结材料。前者主要是将已经开裂的岩片粘结住，防止脱落并且防止灌注粘结料的流失。后者是注射到裂隙中，起到粘结和填充的作用。从材料技术要求角度，两者具有相似性，即很好的粘结性、耐久性及韧性。但是在施工方面，要求前者具有很好的湿粘性和很好的操作时间，后者具有很高的流动性，使材料可以流到裂纹的各个角落。因此要根据裂缝的类型需要，采用不同粘度、不同粒径的灌注粘结材料以满足不同的要求。

4.1.2　水硬石灰材料国内外相关研究概况

4.1.2.1　天然水硬石灰介绍 [3]

天然水硬石灰（Natural Hydraulic Lime，缩写为 NHL），是采用不纯的含杂质的石灰石经过烧制（温度 900~1100℃）、粉碎、消解而成（图 4-7），是一类有别于传统石灰材料与水泥材料的天然无机材料，与水泥不同的是在消解的过程中不添加任何外来的材料。

天然水硬石灰成分主要有二钙硅石（$2CaO \cdot SiO_2$，简写成 C_2S）、熟石灰 $Ca(OH)_2$、部分生石灰 CaO、部分没有烧透的生石灰 $CaCO_3$ 及少量的黏土矿物、石英等组成，兼有石灰和水泥的优点，低收缩、耐盐、适中的抗压与抗折强度，但是由于其生产过程中无任何外来添加物，其水溶盐的含量很低。

图 4-7　天然水硬石灰生产流程

4.1.2.2　中国应用石灰粘结砖石的历史

我国采用石灰粘结砖石土等无机材料具有悠久的历史。如在传统干摆砖墙体砌筑时，需要采用灌浆工艺，把摆在一起的砖与砖粘结起来，这里采用的灰浆为桃花浆或生石灰块调成的白灰浆 [4]。最新的研究说明 [5]，生灰块中除含有 $Ca(OH)_2$、生石灰

CaO 外，还含有水硬性二钙硅石，水硬性的二钙硅石对早期强度的增加有很大意义，而生石灰具有降低收缩的功能，Ca（OH）$_2$ 可以与砖中的活性组分反应，增加砖与石灰之间的粘结能力，这是灌浆工艺可以加固干摆砖墙的原因。

大地湾遗址料礓石在 900℃ 烧成的材料中含有 CaAl$_2$O$_4$（CaO·Al$_2$O$_3$）、Ca$_2$Al$_2$SiO$_7$（2CaO·Al$_2$O$_3$·SiO$_2$）、CaSiO$_3$（CaO·SiO$_2$）等水硬性组分[5]。这种材料成功用于潮湿环境下壁画地仗加固保护[6]。

但是我国目前还缺乏对石灰材料的水硬性组分的系统研究，缺乏对石灰固化的物理、化学机理，使用条件等问题的科学阐述，很多传统石灰工艺也面临失传。

4.1.2.3　国际研究成果

过去的 15 年，国际上对石灰及水硬性石灰进行了广泛而深入的研究，而且在文物及历史建筑加固修缮等领域进行了有益尝试。部分成果如下：

1）美国

美国从 2000 年开始，尝试将石灰及天然水硬性石灰应用到大理石及石灰岩质文物保护中（Miller 等，2005 年）。典型案例为宾州州政府前的大理石雕刻裂缝的粘结加固（图 4-8、图 4-9）。

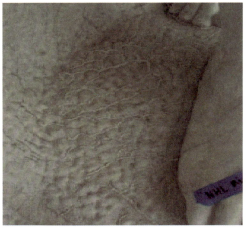

图 4-8　注射粘结大理石裂缝试验　　　图 4-9　天然水硬性石灰填充粘结的裂缝，在流水的大理石雕塑表面 1 年自然老化后仍完整

美国盖蒂保护研究所资助了专门的课题《石灰灰浆和灰泥》（lime mortars and plasters）[7]来从事新型钙质凝结材料的原理、性能比较、老化性能等多方面的研究。已经取得的研究成果包括：

对钙质凝结材料的原料 Ca（OH）₂ 的微观结构和固化机理进行了详细的阐明。指出发生在石灰干燥过程中的不可逆固化过程会对 Ca（OH）₂ 的胶体性能产生不利影响，会影响到水硬性石灰的流变性和可塑性。同时还对钙质凝结材料的老化过程也做了系统的阐述。

通过应用实例对传统钙质凝结材料和改性后的钙质凝结材料的性能做过详细的比较。此项研究包括两者颗粒性能和流变性的差别，碳酸化速率以及时间、强度之间的关系；

对石灰碳酸化过程中的动力学与周边环境温度的关系做了具体研究。创立了一个模型来测试 CO_2 浓度和石灰碳酸化速率之间的关系。发现石灰碳酸化速率和 CO_2 的浓度没有直接关系而且和石灰的表面形态有直接关系。

2）德国

德国石质文物研究所 IFS1998 年的研究表明：

不同类型天然水硬石灰只在初凝强度上有区别，不同天然水硬石灰的最终强度几乎相同，320 天的强度可以达到 16MPa；

纯天然水硬石灰的固化需要 1 年左右的时间；

先干燥，使水硬石灰中的水分扩散出去，然后干湿交替的环境有利于天然水硬石灰强度的正常增长；

完全干燥的环境不适合天然水硬石灰强度增加；

环境温度对天然水硬石灰强度的增加影响不明显；

水硬石灰硬化慢，避免了水泥快速固化导致的应力。增加水泥可以增加初凝强度，但是添加量在 25% 时，可导致终凝强度过高。如果确实需要，水泥添加量以小于 15% 为佳[8]。

德国 IFS 还从 2006 年开始采用水硬性石灰注浆加固料，以加固文物建筑的石砌体，开发出不同配比的石灰注浆料的性能如表 4-1：

表 4-1　德国开发使用过的石灰类注浆粘结料的性能（Egloffstein 等，2007）

性能	配比				
	*NHL（Hessler 公司）	NHL+3.8% 的水泥	火山灰石灰注浆料 tubag	火山灰石灰注浆料 maerler	火山灰石灰注浆料 rajasil
28 天抗压强度（MPa）	1.2	1.7	5.8	10.8	17.2
360 天抗压强度（MPa）	2.4	4.5	10.2	24.8	15.1

续表 4-1

性能	配比				
	*NHL （Hessler 公司）	NHL+3.8% 的水泥	火山灰石 灰注浆料 tubag	火山灰石 灰注浆料 maerler	火山灰石 灰注浆料 rajasil
28 天抗折强度（MPa）	0.5	0.9	1.6	3.0	4.1
360 天抗折强度（MPa）	1.0	1.5	3.6	4.8	4.4
石材基面的拉拔强度（MPa）	0.35	0.11	0.17	0.48	0.33
毛细吸水系数（kg/m²/h）	3.7	3.2	2.6	3.2	2.9
石材基面的拉拔强度（MPa）与 28 天抗压强度的比值（%）	29	6	3	4	2

＊ 本次研究使用的石灰材料供应厂家

从表中可以清晰地看出，不添加水泥或火山灰的天然水硬性石灰注浆粘结材料具有较低的抗压强度，但是有出色的粘结强度，石材基面的拉拔强度（MPa）达到 0.35MPa，石材基面的拉拔强度（MPa）与 28 天抗压强度的比值达到 29% 是特别适合花山开裂本体的加固粘结材料。

3）比利时

以比利时皇家学院的 Dionys van Gemert（2006）为首的 Reyntjens 材料研究所近年来对石灰类注浆材料进行了全面的研究[9]。他们的研究说明，在不透 CO_2 的厚度很大的墙体中，以石灰、活性组分如火山灰、特种水泥等的复合粘结剂制成的注浆材料，在强度、耐久性和历史材料的物理化学兼容性方面，可以获得比较理想的效果。上述的这些研究都为本课题的研究打下重要的基础。

4.2　加固保护材料的研发

4.2.1　技术路线

根据花山岩画开裂岩体的特殊特点，我们制定了如下粘结加固材料研究的技术路线：根据开裂岩体特点及花山的气候条件制定技术指标，然后进行材料海选，确定主要配比，在充分的室内实验基础上，在进行现场实验和老化实验，确定最终配方。

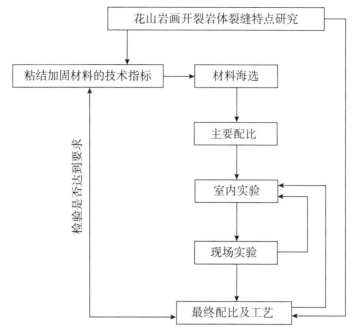

图 4-10　粘结加固材料研究的技术路线

4.2.2　加固粘结材料的主要原材料

针对石灰岩质文物裂隙灌浆砂浆的特殊性，在配方海选过程中以胶凝材料、骨料、助剂等为主要原材料进行海选实验。

表 4-2　加固粘结材料的主要组成

基础配方	组分
胶结材料	水硬石灰
骨料	采用花山灰岩加工的石粉并根据理论级配曲线优化颗粒组成
助剂	保水剂，消泡剂，减水剂等

采用的主要原材料及初步特点如下：

1）胶凝材料——天然水硬石灰

考虑到目前国内还没有水硬性石灰生产，此次用于实验的水硬性石灰是从德国 Hessler—Kalk 公司购买。考虑到本次加固粘结材料对强度的要求不高，见表 4-3。因此本材料的胶凝材料选用德国 Hessler 公司生产的 NHL_2 水硬石灰。

表 4-3　EN459-1 对水硬性石灰的强度分类

型号	28 天抗压强度 MPa
NHL2	2~7
NHL3.5	3.5~10
NHL5	5~15

2）骨料

骨料也称集料，是指在砂浆中起骨架作用的有不同尺寸的砂石组成的混合体。在砂浆中除了起到填充作用外，还使砂浆具有一定的和易性、改善可工作性、降低无机粘结剂用量、减少水化热、减少收缩和徐变以及提高耐磨性等。

此外，粘结材料中的集料及其粒径对粘结材料的性能也起到重要的作用。研究工作证明，粘结石灰岩裂缝的天然水硬性石灰粘结材料中添加石灰岩粉，不仅可以使粘结材料的物理/化学性能接近原始石材，更具有化学的兼容性，也可以增加天然水硬石灰的固化速度，使天然水硬性石灰材料在相对较短的时间内达到需要的强度。同时，石灰岩粉可以降低弹性模量，使粘结材料更具有韧性。研究工作配比采用的是源自花山现场的石灰岩粉。

石灰岩粉的制备过程如下：首先对花山灰岩进行破碎并进行筛分（图 5-1），再根据理论级配曲线[12]（图 5-2）。根据花山岩画裂隙的大小选择最大粒径为 0.5mm 的灰岩粉末，最小粒径≤0.1mm 的灰岩粉末，在 0.5mm 粒径所对应的理论级配曲线上取中点，选择 0.2mm~0.5mm 灰岩粉末为中颗粒进行级配，计算出最佳的颗粒级配后将三种粉末进行混合。并进一步对比相关技术参数，以确定最佳添加比例。

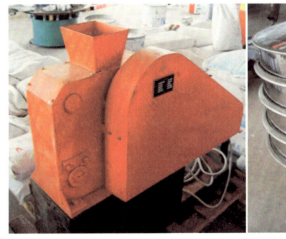

图 4-11　用于花山石灰岩破碎及电动筛分设备

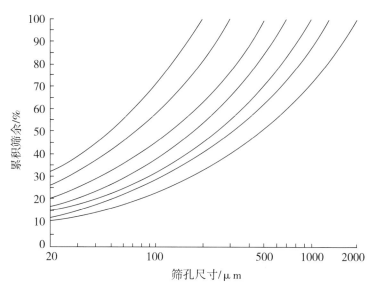

图 4-12　骨料的理论级配曲线

3）助剂

①保水增稠材料

保水增稠材料类似古代采用的纸筋，主要有以下三个功能：

a. 可以使新拌粘结剂增稠从而使其具有一定湿黏性，同时防止离析，获得均匀一致的可塑性；

b. 本身具有引气作用，可以在粘结剂中引入均匀的细小气泡，增加透气性，提高固化速度；

c. 作为保水剂，有助于保持薄层粘结剂的水分，从而使粘结剂施工后有足够时间水化固化。

纤维素醚是最常用的保水增稠材料，在注浆材料中宜选用较低粘度的纤维素醚，以保持注浆料的流动性，防止分层、离析、泌水，所以我们在进行大量试验后选用甲基纤维素醚（MC500），其粘度约为 400~600，添加前后的效果见图 4-13。

②减水剂

减水剂的基本功能是减少粘结剂的需水量。注射粘结剂必须具备良好的流动性，但加水量太大往往会造成离析和泌水的不良后果，材料收缩过大，孔隙率增加，粘结强度降低，抗压和抗折强度降低。所以必须要添加减水剂使其在获得相同和易性的情况下，注射料所需加水量明显减少，见图 4-14。

图 4-13　加纤维素醚前后对比图

图 4-14　添加减水剂前后

③消泡剂

消泡剂可以防止注射粘结剂在搅拌过程中产生气泡从而改善粉料的润湿过程。另外，消泡剂还可以防止天然水硬性石灰在施工过程中产生气泡，从而提高注射浆的抗压强度，防止注射浆表面缺陷，并改善注射浆的流动性能，提高注射的饱满度及粘结强度，见图 4-15。

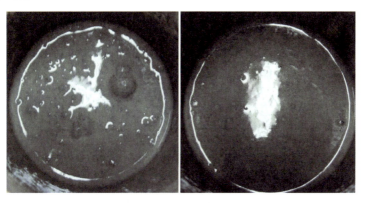

图 4-15　加消泡剂前后对比图

4.2.3 技术参数

由于灌注粘结材料和填充粘结材料具有很多相似性，即性能和力学强度要求基本一致，灌注粘结材料只需在填充粘结材料的基础上保持一定的粘结强度并增加流动性，所以我们首先针对填充粘结材料进行研究。在分析了开裂岩画的裂缝特点，严格遵循"中国文物古迹保护准则"，参照有关技术材料，如德国 Snethlage（1997）石材粘结加固的技术要求，Knoefel & Schubert（1997）对勾缝粘结材料/注浆材料设定的技术参数以及大量的国内外研究成果，提出花山开裂岩画所用的粘结加固材料的技术参数如下。

4.2.3.1 填充粘结材料和灌注粘结材料的技术参数要求

表 4-4 填充粘结材料和灌注粘结材料的技术参数要求

	填充粘结材料	灌注粘结材料
抗压强度	28 天强度：1~5MPa	28 天强度：1~5MPa
抗压与抗折强度比	≤ 3	
附着力（拉拔强度）	0.1–0.5MPa	
流动性	很好，可灌	好的触变性，不挂流
热膨胀	和灰岩处于同一数量级	
收缩性	小，无裂纹	≤ 0.15%，无裂纹
透气性	≥石灰岩的透气性，越高越好	
吸水性	≥石灰岩的吸水性性，越高越好	
耐热老化	很好	

4.2.3.2 主要技术参数的说明

1）粘结强度

花山岩体粘结加固材料最重要的指标是粘结强度即拉拔强度，强度是否适合，可以通过如下简单计算验证。

拉拔强度是抵抗拉张力的能力：

$$\sigma = F/S$$

我们设定花山粘结材料 7 天的最低拉拔强度不低于 0.1MPa，也就是说 1cm² 可以拉住 1kg 的材料。花山岩石的密度为 2.7g/m³，一个长 20cm，宽 10cm，厚 2cm 的岩片的

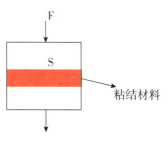

图 4-16 拉拔强度示意图

重量约为 1.08kg，在没有任何支撑的自由重力的作用下，只需要 ≥1.08kg 的力量就 拉住它不脱落。如采用拉拔强度为 0.1MPa 的材料，只需要有 1cm² 的面积就可以拉住重 1.08kg，长 20cm、宽 10cm、厚 2cm 的岩片，这个面积只占整个岩片面积的 1%。换句话说，设定粘结材料的拉拔强度为 0.1 MPa 时，只需粘住厚度为 2cm 的岩片的 1% 的面积，该岩片就不会脱落。所以设定最低拉拔强度为 0.1 MPa 是合理的，实际操作也是可行的。

同时对现场的粘结试验面的分析可以看出，在开裂的岩画表面存在多条裂缝，当主要裂缝被粘结加固后，加固的主裂缝的强度如果过高，新的变形将沿着次裂缝发育，导致新的开裂。所以设定低的粘结强度是科学的。

2）抗压抗折强度

抗压抗折强度本身对粘结性能无直接的关系，但是无机材料的抗压抗折强度与拉拔强度有一定的关系，所以我们仍然确定了一个最基本的指标。特别是抗压抗折强度的比值代表了无机材料的韧脆性，而我们要求花山粘结材料的韧性要好，参照了国际建筑维护与文物保护协会 WTA 修复砂浆的技术要求，设定抗压抗折强度的比值为 ≤3，可以确保粘结材料不开裂。

3）吸水性能

由于花山岩画表面有凝结水，所以要求采用的新的粘结材料及其充填的裂隙吸水，像海绵一样将空气中产生的水储存在裂隙中，减少岩画表面的水分，这样可以缓解凝结水对岩画本体颜料的危害。

在 2009 年 3 月的环境条件下，理论上如 1m² 表面有 3 条长 200mm、高 100mm、宽 50mm 的裂隙，当表面凝结的水膜的厚度为 0.1mm 的时候，1m² 的岩画表面结露的水量为 0.11 升。

三条裂隙的体积为 $0.2 \times 0.1 \times 0.05 \times 3 \times 1000 = 3$ 升，如果粘结加固材料的体积吸水率大于 $0.11/3 \times 100 = 3.7 \mathrm{vol}\%$，那这些凝结水就可以全部储存在粘结加固的新材料中而不会停留在岩画表面。

参照德国外立面材料吸水性能指标，当毛细吸水系数 $\geq 2\mathrm{kg}/(\mathrm{m}^2 \cdot \mathrm{h}^{1/2})$ 的时候，为吸水材料，因此确定本指标为填充粘结加固材料及注射粘结加固材料的吸水性指标。确定另一个指标为体积吸水率 ≥10%（上述计算的 3 倍）。

如果采用不吸水的粘结材料粘结封闭裂隙，原来在裂隙中结露的水会在岩画表面结露，水膜的厚度在此可以增加 0.1/0.11*10% 达到 0.11m，这对岩画的危害加大了。

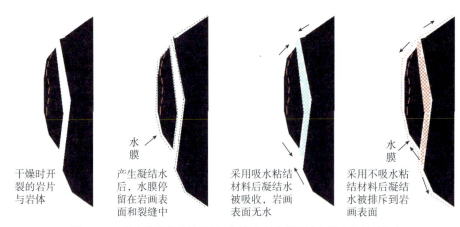

干燥时开
裂的岩片
与岩体

水
膜
产生凝结水
后，水膜停
留在岩画表
面和裂缝中

采用吸水粘结
材料后凝结水
被吸收，岩画
表面无水

水
膜
采用不吸水粘
结材料后凝结
水被排斥于岩
画表面

图 4-17　吸水的粘结剂与不吸水粘结剂在岩画表面结露时的影响

上述理论分析也得到实验室实验的验证。

4）透气性

透气性对新的粘结加固材料至关重要。这不仅是因为天然水硬性石灰的固化需要空气，同时裂隙内部会产生结露，结露的水要沿粘结加固的裂隙中透出来。更重要的是裂隙中的空气会在热作用下膨胀，造成岩片重新胀裂。初步计算表明，当温度上升 15% 时，空气体积会膨胀 15%。如果新的粘结加固材料不具备透气性，其危害是非常严重的。而无机石灰基材料的透气阻力系数 μ 一般为 10~100，透气性远远高于有机材料，后者的透气阻力系数 μ 一般为 6000~30000，μ 越大材料的透气性也就越差。这也是建议采用无机材料的原因之一。

综上所述，开裂岩画的粘结加固材料需要一定的粘结强度，很好的耐久性和可持续性，吸水，透气性等。

4.2.3.3　基础配方的海选

按照主要的原材料类型筛选表观性能合适的材料配比，见图 4-18。

图 4-18　配方海选所配制的试样

4.2.4　加固材料的性能试验

4.2.4.1　抗压、抗折强度

1）试样制备，抗折、抗压强度测试，采用 40mm*40mm*160mm 的砂浆三联模制样。测试方法参照《水泥胶砂强度检验方法（ISO 法）》GB/T17671–1999。

2）养护条件

脱模后分别在上海的自然气候条件下（15~30℃，相对空气湿度 50%~80%）养护（图 4–19），北京实验室环境（30±5℃，相对空气湿度 75%~85%）养护（图 4–22），花山当地自然环境（图 4–21）以及模拟花山高湿空气但冷热交替环境下（15~50℃，相对空气湿度 80%~90%）养护（图 4–20），龄期 28 天。

图 4–19　上海自然气候环境

图 4–20　模拟花山高湿空气但冷热交替环境

图 4–21　花山当地环境

图 4–22　北京实验室环境

4.2.4.2　拉拔强度

试块采用花山石灰岩，切成 40mm×40mm 厚 10mm 试块，表面采用 80 目的砂纸打磨，以清除油污等。涂布开发出的不同配比的粘结剂后，将试块放置在不同养护条件下养护，龄期 7 天。然后用材料实验机测试（图 4-23）。测试方法参照《墙体饰面砂浆》JC/T 1024-2007。

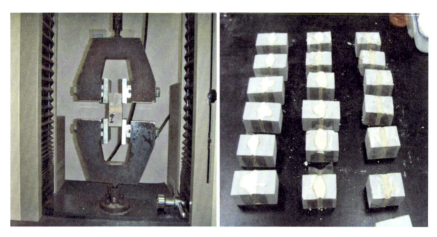

图 4-23　拉拔强度实验

4.2.4.3　耐酸、抗崩解

参照《公路工程石料试验规程》JTJ054-94。7% 稀盐酸泡 48h，干燥后测其失重和强度。水中旋转 20min，32r/min，干燥后测其失重和强度。

4.2.4.4　碳化强度

碳化强度从一个侧面反映了天然水硬性石灰的固化速度以及透气性。喷 1% 酚酞酒精溶液到新鲜断面上，变紫红色的部位表示处于碱性（Ph≥10），未变色部位代表已经碳化，即大多数的 Ca（OH）$_2$ 已经反应生成了 $CaCO_3$（图 4-24，图 4-25）。

图 4-24　养护 20 天的试块的碳化深度

图 4-25　20 天填充粘结材料的碳化深度比较
（上面在上海养护，下面在模拟花山气候养护）

上海气候条件下，不同配比的填充粘结材料 20 天的碳化程度基本相同，为 1~1.5mm，特别是添加不同比例的丙烯酸树脂胶粉的试块无明显区别，而模拟花山气候条件下，碳化深度增加为 3mm 左右，说明在添加少量丙烯酸树脂（<1%）的情况下，NHL 材料的透气性未受到影响，这与美国宾夕法尼亚大学研究结果一致。

4.2.5　填充粘结材料的性能研究

4.2.5.1　填充粘结材料最优配方

按照上述试验进行测试，对照填充材料之前确定的填充粘结材料的技术参数，我们筛选出两个最佳的填充粘结材料配方。具体配方见表 4-5，表 4-6。

表 4-5　筛选出的水硬石灰填充粘结材料 FK1
（注：每种配方为干混料，取 1000 克，比例中数字为各组分质量）

组分	比例
水硬性石灰（NHL$_2$）	491
灰岩粉（极细）	489
可在分散乳胶粉（FX7000）	10
减水剂（C-SP）	1
消泡剂（P803）	2
木质纤维素（FD40）	5
触变润滑剂（987）	2

表 4-6　筛选出的水硬石灰填充粘结材料 FK2
（注：每种配方为干混料，取 1000 克，比例中数字为各组分质量）

组分	比例
水硬性石灰（NHL$_2$）	350
灰岩粉（粗）	120
灰岩粉（细）	350
灰岩粉（极细）	157
可在分散乳胶粉（FX7000）	10

续表 4-6

组分	比例
减水剂（C-SP）	1
纤维素醚（MC500）	2
木质纤维素（FD40）	5
触变润滑剂（987）	2

4.2.5.2　筛选出的填充粘结材料的力学性能

我们对筛选出的填充粘结材料进行了，抗压强度、抗折强度以及拉拔强度的测试，测试结果见表 4-7。从表 4-7 中可以看出两种填充材料都基本可以满足最初提出的性能指标，抗压强度（28 天）：1~5Mpa；抗压抗折比：≤3；拉拔强度：≥0.10MPa（28 天）。

表 4-7　填充粘结材料的力学性能测试结果

代号	28 天抗压强度（MPa）	28 天抗折强度（MPa）	28 天抗压 / 抗折	28 天拉拔强度（MPa）
FK1	2.77	2.17	1.28	0.42
FK2	5.92	2.77	2.14	1.61

4.2.5.3　筛选出填充粘结材料的热膨胀系数

取花山岩画区石灰岩和水硬性石灰填充粘结材料进行了热膨胀系数的测试。表 4-8 为热膨胀系数的试验结果。

试验仪器为德国 DIL-402PC 热膨胀仪，测试了花山灰岩和水硬性石灰材料的升温过程中的线性应变。样品尺寸为 20~25mm×4mm×4mm 的长方体，进行了 25~150℃ 的升温测试。图 4-26 至图 4-27 为花山灰岩、水硬性石灰填充粘结材料的热膨胀率系数随温度的变化曲线。图 4-28 为从花山现场取回的样品的热膨胀系数随温度的变化曲线图。

由图、表可知：虽然养护的条件会对材料的热膨胀系数有所影响，但是填充粘结材料的热膨胀系数与花山灰岩热膨胀系数之差均在灰岩的 ±50% 内，符合粘结加固材料的技术参数要求。

表 4-8   粘结材料的热膨胀系数

样品	60℃ 时的线膨胀率（%）	30~60℃ 热膨胀系数（1/k）
花山灰岩	0.021	$4.65*E^{-6}$
FK1	0.028	$6.56*E^{-6}$
FK2	0.022	$4.92*E^{-6}$
花山现场养护材料的热膨胀比较		
样品	60℃ 时的线膨胀率（%）	30~60℃ 热膨胀系数（1/k）
灰岩	0.021	$4.65*E^{-6}$
FK2	0.016	$3.45*E^{-6}$

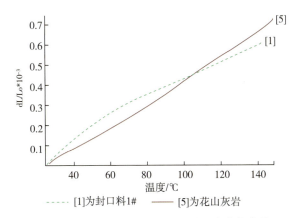

图 4-26   FK1 与灰岩热膨胀系数随温度变化曲线图

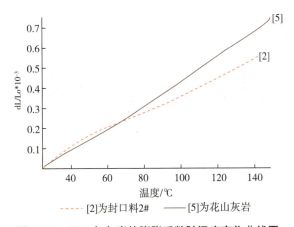

图 4-27   FK2 与灰岩热膨胀系数随温度变化曲线图

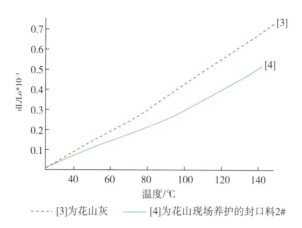

------- [3]为花山灰　　———— [4]为花山现场养护的封口料2#

图 4-28　FK2 与灰岩热膨胀系数随温度变化曲线图

4.2.5.4　填充粘结材料的基本物理化学指标和成分

花山试验区原状灰岩为基底式胶结，基质组分为微泥晶方解石，含生物及生物碎屑。除生物碎屑外，岩石主要成分为方解石（95％）和白云石（5％）。化学成分以 CaO 为主。由表 4-9 给出的试样密度可知：原状灰岩密度为 2.66g/cm³，填充粘结材料密度为原状灰岩密度的 61.28％、59.40％，均符合填充粘结材料技术参数要求。

表 4-9　密度试验成果表

	HY	FK1	FK2
干密度（g/cm³）	2.66	1.63	1.58
砂浆密度（g/cm³）		2.37	2.24

另灰岩吸水率相对很低，仅为 0.15％，岩画表面不仅有渗水而且有凝结水，这就

图 4-29　吸水率试验

使得水对岩画造成一定程度的破坏。水硬性石灰材料的吸水率远高于石灰岩，可以使岩画表面的凝结水储存到凝结加固材料中，减小对岩画的危害。

表 4-10　吸水率试验成果表

样品	编号	吸水前重（g）	吸水后重（g）	吸水量（g）	平均吸水率 %
FK1	FK1-4	404.9	456	51.1	12.55
	FK1-5	404.1	454.4	50.3	
	FK1-6	404.2	456.8	52.6	
	FK1-7	402.4	453.2	50.8	
	FK1-8	402.8	454.1	51.3	
	FK1-9	404.2	452.1	47.9	
FK2	FK2-7	399.3	420.3	21	4.70
	FK2-8	396.1	417.2	21.1	
	FK2-9	403.3	418.6	15.3	
	FK2-10	395.2	416.6	21.4	
	FK2-11	400.2	418.5	18.3	
	FK2-12	404.6	420.2	15.6	

4.2.5.5　碳化性能

在模拟花山气候对试样养护 28 天后，采用 1% 酚酞指示剂对样品新鲜断面进行测试。未变色部分为已碳化部分，红色部分为未碳化部分。图 4-30 至图 4-31 为填充粘结材料碳化情况。由图可知：FK1、FK2 碳化情况相当较好，碳化深度均在 2mm 以上。

图 4-30　FK1 碳化深度图

图 4-31　FK2 碳化深度

表 4-11 为 X- 衍射分析成果。由表可知：填充粘结料在未碳化时的化学成分以 $CaCO_3$ 和 $Ca(OH)_2$ 为主，含有少量 SiO_2。这是因为在干混料中 NHL2 主要成分为 $Ca(OH)_2$，而灰岩粉骨料主要成分为 $CaCO_3$。碳化以后，$Ca(OH)_2$ 和空气中的 CO_2 反应生成 $CaCO_3$，则填充粘结材料化学成分以 $CaCO_3$ 为主。天然水硬性石灰 NHL_2 化学成分以 $CaCO_3$ 和 $Ca(OH)_2$ 为主，另含有水硬性组分 $2CaO \cdot SiO_2$ 及少量 SiO_2。

表 4-11　X- 衍射分析成果

样品名称	测试龄期	成分
FK1	3 天	$CaCO_3$、$Ca(OH)_2$ 及少量 SiO_2
	7 天	$CaCO_3$、$Ca(OH)_2$ 及少量 SiO_2
	28 天碳化部分	$CaCO_3$ 为主
	28 天未碳化部分	$CaCO_3$、$Ca(OH)_2$ 及少量 SiO_2
FK2	干混料	$CaCO_3$、$Ca(OH)_2$ 及少量 SiO_2
	3 天	$CaCO_3$、$Ca(OH)_2$ 及少量 SiO_2
	7 天	$CaCO_3$ 及少量 SiO_2
	28 天碳化部分	$CaCO_3$ 及少量 SiO_2
	28 天未碳化部分	$CaCO_3$、$Ca(OH)_2$ 及少量 SiO_2
NHL2	干料	$CaCO_3$、$Ca(OH)_2$、$2CaO \cdot SiO_2$ 及少量 SiO_2
	1 天	$CaCO_3$、$Ca(OH)_2$ 及少量 SiO_2
	7 天	$CaCO_3$

4.2.5.6　结论

通过以上试验内容可知：两种填充粘结的抗压强度、压折比、热膨胀系数、拉伸粘结强度等均基本符合填充料的技术参数要求，适应于花山岩画裂隙填充粘结加固。

4.2.6　灌注粘结材料的性能研究

4.2.6.1　灌注粘结材料技术参数

灌注粘结材料的基本性能要求和填充粘结材料类似，但是有一定区别：

表 4–12　灌注粘结材料和填充粘结材料的性能差别

	灌注粘结材料	填充粘结材料
抗压强度	28 天强度：1~5MPa 最终强度约 5~10MPa	28 天强度：1~5MPa 最终强度约 10~15MPa
抗压与抗折强度比	≦ 3	
附着力（拉拔强度）	≥0.1MPa	
流动性	很好，可灌	好的触变性，不挂流
热膨胀	和灰岩处于同一数量级	
收缩性	小，无裂纹	≦ 0.15%，无裂纹
透气性	≥石灰岩的透气性，越高越好	
吸水性	≥石灰岩的吸水性性，越高越好	
耐热老化	很好	

从表中可以看出最明显的差别：要求灌注粘结材料的流动性很好，可灌。评价流动性及可灌性，我们采用流动度和凝结时间 2 个标准。

4.2.6.2　凝结时间和流动性测试

其中流动度参照《水泥胶砂流动度测试方法》GB/T 2419–2005；凝结时间参照《建筑砂浆基本性能测试方法》JGJ70–90。

图 4–32　凝结时间及流动度测试

表 4-13　流动时间测试结果

配方	初始流动度 /mm	30min 后流动度 /mm	初凝时间 /h	终凝时间 /h
1	127	136	11	56
2	147	143	17	72
3	134	140	10	48
4	144	150	13	66
5	99	110	9	48
6	142	118	24	72

4.2.6.3　最佳的灌注粘结材料配比

按照上述试验进行测试，对照灌浆材料之前确定的技术参数，我们筛选出两个最佳的灌浆粘结材料配方。具体配方见表 4-14、表 4-15。

表 4-14　筛选出的水硬石灰灌注粘结材料 GJ1
（注：每种配方为干混料，取 1000 克，比例中数字为各组分质量）

组分	比例
水硬性石灰（NHL2）	497
灰岩粉（极细）	490
可在分散乳胶粉（FX7000）	5
减水剂（C-SP）	3
消泡剂（P803）	3
纤维素醚（MC500）	2

表 4-15　筛选出的水硬石灰灌注粘结材料 GJ2
（注：每种配方为干混料，取 1000 克，比例中数字为各组分质量）

组分	比例
水硬性石灰（NHL2）	250
灰岩粉（粗）	120
灰岩粉（细）	400

续表 4-15

组分	比例
灰岩粉（极细）	217
可在分散乳胶粉（FX7000）	5
减水剂（C-SP）	3
纤维素醚（MC500）	2
木质纤维素（FD40）	3

4.2.6.4 筛选出的灌注粘结材料的力学性能

我们对筛选出的灌注粘结材料进行了抗压强度、抗折强度以及拉拔强度的测试，测试结果见表 4-16。从表中可以看出两种灌注粘结材料都基本可以满足最初提出的性能指标，抗压强度（28 天）：1~5Mpa；抗压抗折比：≤3；拉拔强度：≥0.10MPa（7 天）。

表 4-16　灌注粘结材料的力学性能测试结果

代号	28 天抗压强度（MPa）	28 天抗折强度（MPa）	28 天抗压 / 抗折	28 天拉拔强度（MPa）
GJ1#	2.41	1.27	1.90	0.11
GJ2#	2.91	1.90	1.53	0.25

4.2.6.5 筛选出灌注粘结材料的热膨胀系数

取花山岩画区石灰岩和水硬性石灰灌浆粘结材料进行了热膨胀系数的测试。表 4-17 为热膨胀系数的试验结果。试验仪器为德国 DIL-402PC 热膨胀仪，测试了花山灰岩和水硬性石灰材料的升温过程中的线性应变。样品尺寸为 20~25mm×4mm×4mm 的长方体，进行了 25~150℃ 的升温测试。图 4-33 至图 4-34 为花山灰岩、水硬性石灰灌注粘结材料的热膨胀率系数随温度的变化曲线。图 4-35，图 4-36 为从花山现场取回的样品的热膨胀系数随温度的变化曲线图。

由图、表可知：虽然养护的条件会对材料的热膨胀系数有所影响，但是灌注粘结材料的热膨胀系数与花山灰岩热膨胀系数之差均在灰岩的 ±50% 内，符合粘结加固材料的技术参数要求。

表 4-17　粘结材料的热膨胀系数

样品	60℃ 时的线膨胀率（%）	30~60℃ 热膨胀系数（1/k）
花山灰岩	0.021	$4.65*E^{-6}$
GJ1	0.028	$6.85*E^{-6}$
GJ2	0.026	$6.37*E^{-6}$
花山现场养护材料的热膨胀比较		
样品	60℃ 时的线膨胀率（%）	30~60℃ 热膨胀系数（1/k）
灰岩	0.021	$4.65*E^{-6}$
GJ1	0.022	$5.39*E^{-6}$
GJ2	0.023	$5.18*E^{-6}$

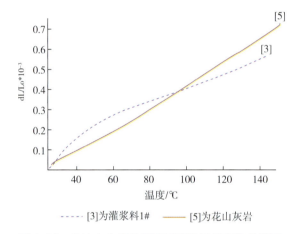

- - - - [3]为灌浆料1#　　　——[5]为花山灰岩

图 4-33　GJ1 与灰岩热膨胀系数随温度变化曲线图

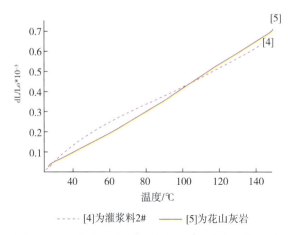

- - - - [4]为灌浆料2#　　　——[5]为花山灰岩

图 4-34　GJ2 与灰岩热膨胀系数随温度变化曲线图

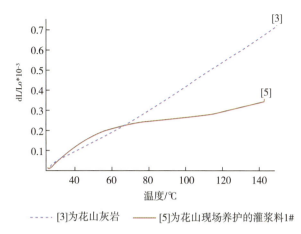

图 4-35 GJ1 与灰岩热膨胀系数随温度变化曲线图

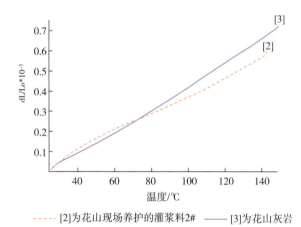

图 4-36 GJ2 与灰岩热膨胀系数随温度变化曲线图

4.2.6.6 灌注粘结材料的基本物理化学指标和成分

花山试验区原状灰岩为基底式胶结，基质组分为微 – 泥晶方解石，含生物及生物碎屑。除生物碎屑外，岩石主要成分为方解石（95％）和白云石（5％）。化学成分以 CaO 为主。由表 4-18 给出的试样密度可知：原状灰岩密度为 2.66g/cm^3，灌注粘结材料密度为原状灰岩密度的 50.38％、59.02％，均符合灌浆粘结材料技术参数要求。

表 4-18 密度试验成果表

	HY	GJ1	GJ2
干密度（g/cm^3）	2.66	1.34	1.57
砂浆密度（g/cm^3）		2.12	2.30

另灰岩吸水率相对很低，仅为 0.15%，岩画表面不仅有渗水而且有凝结水，这就使得水对岩画造成一定程度的破坏。水硬性石灰材料的吸水率远高于石灰岩，可以使岩画表面的凝结水储存到凝结加固材料中，减小对岩画的危害。吸水率试验结果见表 4-19。

表 4-19 吸水率试验成果表

样品	编号	吸水前重（g）	吸水后重（g）	吸水量（g）	平均吸水率 %
GJ1	GJ1-1	352.1	393.3	41.2	13.27
	GJ1-2	330.2	380.1	49.9	
	GJ1-3	348.7	394.2	45.5	
	GJ1-4	342.9	386.3	43.4	
	GJ1-5	348.9	393.3	44.4	
	GJ1-6	326	372.9	46.9	
GJ2	GJ2-1	380.4	414.6	34.2	8.57
	GJ2-2	368.8	391.7	22.9	
	GJ2-3	374	411	37	
	GJ2-4	376	411.4	35.4	
	GJ2-5	389.6	417.2	27.6	
	GJ2-6	373.5	410.3	36.8	

表 4-20 为 X- 衍射分析成果。由表可知：灌注粘结材料在未碳化时的化学成分以 $CaCO_3$ 和 $Ca(OH)_2$ 为主，含有少量 SiO_2。这是因为在干混料中 NHL2 主要成分为 $Ca(OH)_2$，而灰岩粉骨料主要成分为 $CaCO_3$。碳化以后，$Ca(OH)_2$ 和空气中的 CO_2 反应生成 $CaCO_3$，则填充粘结材料化学成分以 $CaCO_3$ 为主。天然水硬性石灰 NHL_2 化学成分以 $CaCO_3$ 和 $Ca(OH)_2$ 为主，另含有水硬性组分 $2CaO \cdot SiO_2$ 及少量 SiO_2。

鉴于以上研究结果，水硬性石灰材料对花山石灰岩粘结是可行的。

表 4-20 X- 衍射分析成果

样品名称	测试龄期	成分
GJ1	3 天	$CaCO_3$、$Ca(OH)_2$
	28 天碳化部分	$CaCO_3$ 及少量 SiO_2

续表 4-20

样品名称	测试龄期	成分
GJ1	28 天未碳化部分	$CaCO_3$、$Ca(OH)_2$ 及少量 SiO_2
GJ2	3 天	$CaCO_3$ 及少量 SiO_2
	28 天碳化部分	$CaCO_3$ 及少量 SiO_2
	28 天未碳化部分	$CaCO_3$、$Ca(OH)_2$ 及少量 SiO_2
NHL2	干料	$CaCO_3$、$Ca(OH)_2$、$2CaO \cdot SiO_2$ 及少量 SiO_2
	1 天	$CaCO_3$、$Ca(OH)_2$ 及少量 SiO_2
	7 天	$CaCO_3$

4.2.6.7 碳化性能

在模拟花山气候对试样养护 28 天后，采用 1% 酚酞指示剂对样品新鲜断面进行测试。未变色部分为已碳化部分，红色部分为未碳化部分。图 4-37 至图 4-38 为灌注粘结材料碳化情况。由图可知：GJ2 碳化情况相对较好，碳化深度在 2mm 以上；GJ1 因为没有粗骨料，透气性能相对较差，所以碳化深度仅为 1mm 左右。

图 4-37 GJ1 碳化深度图   图 4-38 GJ2 碳化深度

4.2.6.8 灌注粘结材料的吸水性

参照标准《建筑砂浆基本性能试验方法 JGJ70-90》测得灌注粘结材料 1 # 和灌注粘结材料 2 # 的吸水率为 13.27%，8.57%，远远大于灰岩的吸水率。

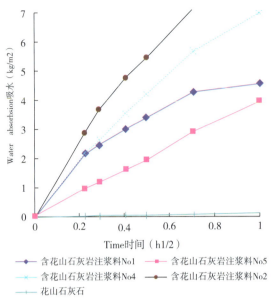

图 4-39　灌注粘结材料的吸水性

4.2.6.9　结论

通过以上试验内容可知：两种灌注粘结材料的抗压强度、压折比、热膨胀系数、拉伸粘结强度等均基本符合灌注粘结材料的技术参数要求，适应于花山岩画裂隙灌浆粘结加固。

4.2.7　助剂对材料性能的影响

从上述的分析中可以看出，目前所筛选出的填充粘结材料和灌注粘结材料的性能已经完全可以满足花山现场加固材料的要求，在这中间水硬石灰材料的贡献当然功不可没，但是高效助剂的影响也不容忽视。高效助剂的添加不但改善了加固材料的工作性能，同时也对加固材料的力学性能有很大的影响，比如添加的丙烯酸胶粉肯定会增加材料的粘结能力即拉拔强度，而拉拔强度是本次加固材料中最重要的一个性能参数。这很容易引起这样的质疑：拉拔强度是否来自于添加的丙烯酸胶粉，如果丙烯酸胶粉老化后，材料的粘结性能是否会受到影响？

为了更好地解决这一问题，正确评价加固材料粘结性能的来源，我们引入了对照试验。

4.2.7.1　实验方法

因为在花山岩画保护中评价加固材料的最重要的性能是拉拔强度，所以我们以拉拔强度的样品来进行对照试验。对照试验分为四组：1）只含有水硬石灰和骨料的样品；2）只含有骨料和胶粉的样品；3）含有水硬石灰、骨料和除了胶粉以为所有助剂的样品；4）含有水硬石灰、骨料和所有助剂的样品。样品制作成 4cm*4cm 的小块，附着于石灰岩块表面。在温度 20℃，湿度 60% 的情况下，养护 28 天后，测量样品与石灰岩表面的拉拔强度。样品中水硬石灰以及各种助剂的添加量，按照研制出的配方中各项的比例添加。

4.2.7.2 不同样品的拉拔强度结果与讨论

1. 只含有水硬石灰和骨料的样品

只含水硬石灰和骨料的样品初凝结束之后很快自然脱落，脱落面见图 4-40。

我们分析样品脱落的原因主要有二：

1）由于石灰材料是一种收缩率比较大的材料，尤其是在硬化失水的过程中，收缩率很大。只含有水硬石灰和骨料的样品，在初期碳酸化程度很低的时候，粘结强度非常低，无法抵抗内部收缩所产生的应力。

2）从样品的脱落面上我们可以看出，在脱落面上有很多的气泡形成的空隙，这些气泡都是在制作样品的时候产生了，而气泡在样品凝结的过程之中很容易富集在样品界面上，由于这些气泡的存在就使得样品有一定的缺陷性，大大地降低了样品和石灰岩的接触面积。而拉拔强度和样品的接触面积是正比的关系。所以这样的现象也会直接导致样品拉拔强度的降低。

图 4-40 样品的脱落面

2. 含有胶粉和骨料的样品

含有胶粉和骨料的样品，不需要养护干燥后可以直接测试。按照国家标准拉拔样品测试，一组 5 个平行样品。平均拉拔强度为 0.03MPa。拉拔断裂面见图 4-41。

从测试数据中我们可以看出，单纯由胶粉提供的拉拔强度是非常小的。而从断裂面上可以看出，都是从样品中间开始断裂。这说明当胶粉的添加量在 0.5%~1% 的时候，只含有胶粉和骨料的样品内聚力很差，不能够提供足够的拉拔强度。

图 4-41 样品断裂面

3. 含有水硬石灰、骨料和除了胶粉以外所有助剂的样品

含有水硬石灰、骨料和除了胶粉以后所有助剂的样品在温度 20℃、湿度 60% 的情况下，养护 28 天以后进行拉拔强度的测试，以粗颗粒填充粘结材料为例，平均拉拔强度在 0.1MPa。断裂面见图 4-42。

从样品的断裂面照片中我们可以看出，断裂面周边光滑，这主要是由于收缩造成的。中间部分从样品内部断裂，这说明添加了水硬石灰之后，样品的内聚力增加。粗颗粒填充粘结材料是所研制出的四种配方中，拉拔强度最大的一种。所以我们认为在 28 天龄期的时候水硬石灰所提供的粘结强度仍然欠佳，不足以满足花山岩画的加固要求。

图 4-42　样品断裂面

4. 含有水硬石灰、骨料和所有助剂的样品

含有水硬石灰、骨料和所有助剂的样品在温度 20℃、湿度 60% 的情况下，养护 28 天及 90 天以后进行拉拔强度的测试。拉拔强度数值见表 4-21。

表 4-21　28 天及 90 天龄期全助剂样品的拉拔强度

样品名称	FK2	FK1	GJ2	GJ1
拉拔强度（MPa）28 天	1.61	0.42	0.25	0.11
拉拔强度（MPa）90 天	1.70	0.60	0.39	0.28
水硬石灰的含量（%）	35%	49%	25%	50%
碳化深度（mm）28 天	0.69	1.08	1.11	1.65
碳化深度（mm）90 天	4.90	3.54	3.98	5.42

从表 4-21 中可以看出，四种配方的材料 90 天龄期的拉拔强度都比 28 天龄期的时候有所增加。而且水硬石灰含量高的样品（比如细颗粒填充粘结材料和细颗粒灌注粘结材料），拉拔强度的增加量也大。

4.2.7.3　助剂对碳化深度的影响

因为水硬石灰的凝结是碳酸化和水化作用相互作用的结果。以试验的主材料 NHL2 为例，其中水硬反应的比例为 45%~50%，碳酸硬化的比例为 50%~55%。而水硬反应完成得很快，但是碳酸化反应的过程却很缓慢。从表 4-22 中可以看出，四种配方在

28 天龄期的时候碳化的深度都很小，抗压抗折数据良好，但是在不添加胶粉的情况下，都会自然脱落。这就说明，水硬反应对样品的抗压抗折贡献很大，但是对样品的粘结强度没有什么贡献。而样品的碳酸化进程对样品的拉拔强度有直接的影响。从这一点上来说，因为碳酸化的程度是随着样品的龄期的增加而慢慢增加的。样品的厚度普遍在 10~12mm 之间，因此按照碳化的进程来推断，拉拔强度的增加还将继续，直到碳化完全为止。那么添加了助剂之后对样品的碳化进程会不会有影响呢？

表 4-22　不同龄期全助剂样品的碳化深度和力学数据

	FK2	FK1	GJ2	GJ1
抗压强度（MPa）28 天	5.92	2.77	2.91	2.41
抗压强度（MPa）90 天	6.09	3.01	3.29	2.91
抗折强度（MPa）28 天	2.77	2.17	1.90	1.27
抗折强度（MPa）90 天	2.80	2.20	1.99	1.47
碳化深度（mm）28 天	0.69	1.08	1.11	1.65
碳化深度（mm）90 天	4.90	3.54	3.98	5.42

表 4-23　助剂添加前后样品的碳化深度数据

	FK2		FK1		GJ2		GJ1	
	空白	全助剂	空白	全助剂	空白	全助剂	空白	全助剂
碳化深度（mm）28 天	0.54	0.69	1.43	1.08	1.65	1.11	1.93	1.65
碳化深度（mm）90 天	4.75	4.90	4.50	3.54	5.00	3.98	5.05	5.42

从表 4-23 中可以看出，虽然添加了助剂之后，对碳化深度有一些影响，但是基本没有太多的影响。碳酸化程度表示的是 $Ca(OH)_2$ 和 CO_2 反应的进程，也就是说直接反映样品的透气率。所以我们可以这么说，助剂对样品的碳化深度及透气率没有什么影响。

4.2.8　干湿交替耐候试验对样品拉拔强度的影响

考虑到花山地区昼夜湿度变化大，标准的养护环境可能无法完全测试样品在不同气候条件下的拉拔强度，因此我们设计了干湿交替的耐候试验来测试样品在极端气候条件下的拉拔强度。温度 20℃、湿度 60% 的养护箱内养护 28 天后取出，在水中浸泡 2

个小时，擦干表面后，60℃烘干两个小时，为一个循环。如此循环做 30 个后进行拉拔强度测试。见表 4-24。

表 4-24　耐候试验前后样品拉拔强度

	FK2	FK1	GJ2	GJ1
耐候实验前拉拔强度（MPa）	1.61	0.42	0.25	0.11
耐候实验后拉拔强度（MPa）	1.68	0.52	0.63	0.35
拉拔强度（MPa）90 天	1.70	0.60	0.39	0.28

从表 4-24 的拉拔数据中可以看出，每个样品的拉拔强度都有不同程度的提高，有些样品经过耐候试验后，拉拔强度比 3 个月标准养护后的拉拔强度还要高。这主要是因为样品的碳酸化进程还未完全结束，而干湿交替的耐候试验有助于样品的碳酸化进程。因此从试验数据来看，干湿交替的环境更有助于样品拉拔强度的提高。花山地区，昼夜温差大，湿度变化大。因此是非常有利于水硬石灰材料养护的。

第5章 现场试验

5.1 现场实验室概况及测试参照的相关技术标准

鉴于花山岩画保护加固工程的复杂性、综合性、长期性，无成功经验可借鉴的特点。为此中国文化遗产研究院、上海德赛堡建筑材料有限公司及广西文物保护设计研究中心组成的项目部决定设立花山岩画第一期抢救性加固工程现场实验室。

5.1.1 现场实验室位置及布局

现场实验室位于宁明花山岩画保护工作站一楼，包括两个房间。主要功能和布局如下。

①实验台，用于物料称量、凝结时间测定、流动度测定、拉拔强度测定等；

②水池，用于清洗及提供水源；

③物品摆放架，用于试块的临时摆放、小量临时用料的摆放、工具及其他物品的摆放；

④、⑦原料放置区；

⑤实验台，用于抗折抗压试块制备、拉拔强度试块制备、材料稠度的测定等；

⑥干粉搅拌机放置区。

5.1.2 主要设备及用途

5.1.2.1 称量设备

用于各种不同用量物料的准确称量。

a.电子秤：大用量粉料的称量，量程10Kg，分度值2g；

b.电子分析天平：少量粉料添加料的称量，量程：200g，精度：0.001g。

图 5-1　称量设备（a. 电子秤；b. 电子分析天平）

5.1.2.2　干湿物料的制备设备

用于使用及实验用粘结材料的制备。

a. 干粉搅拌机：主要用于干粉原料的混合；

b. 砂浆搅拌机：用于湿料的搅拌。

图 5-2　干湿粉料制备设备（a. 干粉搅拌机；b. 砂浆搅拌机）

5.1.2.3　材料性能的现场测定部分仪器

用于现场制备施工材料性能的检测，以便保证材料的施工性及质量。

图 5-3　砂浆稠度测定仪；凝结时间测定仪

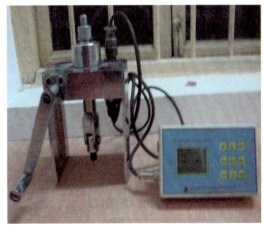

图 5-4　拉拔强度测定仪；温湿度表

5.1.3　现场实验室能够完成的测试分析

1）制备加固粘结材料

完成对施工及各种实验需要物料搅拌。

2）材料的性能的花山条件下测定，如凝结时间、稠度及注浆料的流动性等。

3）材料强度花山养护条件下的测定，主要测定材料的不同时期不同条件的拉拔强度。

施工使用粘结材料的强度要求是材料评价的重要指标，为了确保使用材料的粘结强度，现场实验室对现场制备的所有原料进行了花山条件下 7 天拉拔强度检测和拉拔强度影响因素的研究。

4）施工工艺的改进

针对现场的实际情况反馈，对施工工艺进行简单探索性实验，从而实现对现场工艺的改进、指导。

5）制备供后期测试工作用的试块，并在现场环境下养护

现场的养护条件更能反映出材料的实际应用性能，现场实验室利用现场环境的便利条件，制备了大量抗折抗压试块和拉拔强度试块，通过更长时间的养护，对材料强度性能进行监测。

6）温湿度的监测

施工期间，每天记录现场温湿度。

图 5-5　国家文物局副局长（a. 左三）、广西自治区副主席（a. 左二）等领导参观现场实验室

5.1.4　参考检测技术标准

现场实验室的检测工作参考的国内外技术标准如下：

BS EN459-1:2001 欧洲建筑石灰检测标准

BS EN459-2:2001 欧洲建筑石灰检测方法

JGJ/T70-2009 建筑砂浆基本性能试验方法标准

GB/1346-2001 标准

5.2　粘结加固材料的现场制备

5.2.1　原材料种类

1）粘结材料

现场粘结加固材料为天然水硬性石灰（Natural Hydraulic Lime，缩写为 NHL），采购于德国 Hessler-Kalk 公司（NHL-2）（图 5-6）。

2）骨料

花山石灰岩粉作为施工用粘结材料的骨料，采用了花山岩石运至上海（见图 5-7），经破碎、粉磨、筛分制得。其优点在于它与岩画本身材质是完全一致的，从而有效地减少了出现材料排斥或污染的可能性。为达到很好的强度匹配效果，制备了供不同施工要求的粗（0.5~0.7mm）、中（0.2~0.5mm）、细（<0.1mm）三种粒径骨料，其化学成分见表 5-1。

图 5-6　德国进口 Hessler 公司生产的 NHL2

注：Hessler Kalkwerke（http://www.hessler-kalkwerk.de）始创于 1881 年，有 128 年的生产石灰的历史，是德国最大最悠久的天然水硬性石灰 NHL 生产厂家，德国石质文物研究所（IFS）报告采用的原材料以及在德国研究采用的原材料均源自该公司。其产品每 6 个月检测一次，以确保质量。

表 5-1　花山岩石的化学全分析结果

检测项目	花山灰岩（质量百分比 %）
SiO_2	0.25
Fe_2O_3	0.06
Al_2O_3	0.06
TiO_2	/
CaO	47.80
MgO	7.76
K_2O	/
P_2O_5	/
SO_3	0.06
ZnO	/
MnO	/

续表 5-1

检测项目	花山灰岩（质量百分比 %）
ZrO_2	/
Y_2O_3	/
烧失量	44.39
合量	100.38

图 5-7　托运至上海的花山本地采集试块

图 5-8　用于花山石块粉碎筛分的设备

3）添加剂

a. 可在分散丙烯酸乳胶粉，其具有很好的镘抹施工性和好的粘结强度，能够使材料具有一定的柔性，并增加材料的耐磨性，有效降低天然水硬性石灰封口粘结剂的气含量。

b. 纤维素醚是最常用的保水增稠材料，在注浆材料中宜选用较低粘度的纤维素醚，以保持注浆料的流动性，防止分层离析、泌水。

　　c. 减水剂的基本功能是减少粘结剂的需水量。注射粘结剂必须具备良好的流动性，但加水量太大往往会造成离析和泌水的不良后果，材料收缩过大，孔隙度增加，粘结强度降低，抗压和抗折强度降低。

　　d. 消泡剂可以防止注射粘结剂在搅拌过程中产生气泡从而改善粉料的润湿过程。另外，消泡剂还可以防止天然水硬性石灰在施工过程中产生气泡，从而提高注射浆的抗压强度，防止注射浆表面出现缺陷，并改善注射浆的流动性能，提高注射的饱满度及粘结强度。

图 5-9　添加剂

5.2.2　本次实验采用的主要粘结加固材料的配比

1）粘结材料的性能设计要求

　　花山岩画本体开裂主要是由于温差应力、干湿应力等作用诱发岩体各种裂隙开裂、发育造成的，这种裂隙面的长度和宽度会随温差及干湿交替变化而轻微变化。由于花山岩画本体处于自然的山崖上，无法将其控制在恒温恒湿的环境下，破坏应力因素无法得到根除或缓解，本体裂缝会继续发展直到表层岩片与基岩完全分离为止。采取粘结加固开裂的岩画本体，可以缓解开裂分离的程度及速度。

　　根据保护目标，结合岩画本体岩石的物理性质、岩画制作材料、工艺以及花山地区气候环境特征，中国文化遗产研究院、同济大学历史建筑保护技术实验室中试基地暨上海德赛堡建筑材料有限公司、中国地质大学（武汉）通过比较分析和试验研究，选择天然水硬性石灰作为花山岩画岩石开裂病害抢救性加固保护材料，并针对不同岩画开裂剥离类型提出封口粘结材料和注射粘结材料的配比，这一系列粘结加固材料基本可能满足以下性能要求：

a. 使用的粘结材料与工艺必须为将来的加固与修复提供可能；

b. 粘结材料的化学成分必须与花山岩画本体材质相近，同时具有良好的稳固性、长效性、安全性；

c. 粘结材料的黏度适当，以在岩石表面不流动为标准，满足加固的要求；

d. 粘结材料具备耐潮湿性能（相对湿度 70%~100%），热膨胀系数等性能指标与花山岩画岩体相匹配，适合花山岩画的环境条件，不产生衍生破坏作用；

e. 粘结材料固化物的强度应低于花山石灰岩体强度，加固好的岩片若开裂应该仍沿老的裂纹发展，不产生新的裂纹；

f. 粘结材料固化物能缓解凝结水对岩画的溶蚀影响。

2）主要技术参数

花山开裂岩画本体粘结加固材料可分成两类：一类为封口粘结材料，点粘结材料亦属于封口粘结材料；第二类为注射粘结材料。前者主要是将已经开裂的岩片粘结住，防止脱落，同时防止注射材料流失。后者是注射到裂隙中，起粘结及填充作用。从材料技术要求角度，两者具有相似性，即很好的粘结性、耐久性及韧性，但在可施工性方面，要求前者具有很好的湿粘性和很好的可操作时间，后者具有很高的流动性，使材料可以流到裂缝的各个角落进行填充和粘结。根据裂缝的类型，需要采用不同黏度、不同粒径的注射粘结材料，以满足不同的要求。两类粘结加固材料的主要技术参数要求如下：

a. 封口粘结材料的技术参数：

1）抗压强度：28d：1~5Mpa，最终强度为风化岩石的 20%，约 10~15MPa；

2）抗压与抗折强度比：≤3；

3）收缩：实验室测得≤0.15%，现场施工面无裂纹；

4）热膨胀系数：≤10×10^{-6}，与石灰岩在同一数量级内；

5）附着力/拉拔强度：≥0.10MPa（7d）~0.5MPa（28d）；

6）抗剪强度：0.1~0.3MPa。

7）吸水性：吸水速度高于石灰岩，毛细吸水系数≥$2kg/m^2 \sqrt{h}$；

8）透气性：≥石灰岩的透气性，越高越好。

b. 注射粘结材料的技术参数：

1）抗压强度：28d：1~5Mpa，最终强度约 5~10MPa；

2）抗压与抗折强度比：≤3；

3）收缩：实验室及现场实验均无裂纹；

4）注浆材料的流动性：很好，可灌；

5）热膨胀系数：$\leqslant 10 \times 10^{-6}$，与石灰岩在同一数量级内；

6）附着力 / 拉拔强度：$\geqslant 0.10\,MPa$（7d）~0.3MPa（28d）；

7）抗剪强度：0.1~0.3MPa；

8）吸水性：吸水，毛细吸水系数 $\geqslant 2kg/m^2 \sqrt{h}$；

9）透气性：比石灰岩的透气性要好，越高越好。

c. 现场试验使用主要粘结加固材料配比

鉴于本次施工的重点在于抢救加固，主要施工工艺为点加固、部分脱落岩体的回帖。同时，保证全面施工，进行了系统的注浆试验。施工用点粘结加固材料主要采用了两个配比三种用法，两种配比主要参照裂缝的宽度分为两类，一类为<3mm 细缝，采用细骨料，主要便于施工，称为细缝粘结料；第二类为>3mm 的缝，采用骨料粗，以降低收缩，增加粘结强度，称为宽缝粘结料。其中细缝粘结料，经调整水分含量可作为脱落岩体的回帖用料。注浆材料采用了标准注浆材料和预注浆材料两种。各种施工用粘结材料如下：

表 5-2　宽缝（缝宽 > 3mm）点粘结加固材料配比（代号 HS/FK10-A10/05J）

1	NHL2	35%
2	石灰岩粉 0.5~0.7mm	12%
3	石灰岩粉 0.2~0.5mm	35%
4	石灰岩粉<0.1mm	17%
5	触变剂	0.2%
6	木质纤维素	0.5%
7	纤维素醚	0.2%
8	减水剂	0.1%

表 5-3　细缝（缝宽 < 3mm）粘结加固材料配方（代号 HS/FK05-A10/08）

1	NHL2	49.3%
2	石灰岩粉<0.1mm	48.8%
3	丙烯酸可再分散乳胶粉	1%
4	触变剂	0.2%
5	木质纤维素	0.5%
6	纤维素醚	0.2%

表 5-4　标准注浆粘结料（代号 HS/ZJ05-NHL49/A00/03）

1	NHL2	49.2%
2	石灰岩粉（＜0.1mm）	49%
3	纤维素醚	0.2%
4	减水剂	0.3%
5	消泡剂	0.3%

表 5-5　预注浆粘结料（代号 HS/ZJ05-NHL100/A00/02）

1	NHL2	99.2%
2	纤维素醚	0.2%
3	减水剂	0.3%
4	消泡剂	0.3%

为了对比，配制了不含可再分散乳胶粉的封口粘结剂，配方如下：

表 5-6　不含丙烯酸可再分散乳胶粉封口粘结剂配方 1（代号 HS/FK10-A00/03）

1	NHL2（Hessler）	35 %
2	石灰岩粉（粗）0.5~0.7 mm	12 %
3	石灰岩粉（细）0.2~0.5 mm	35 %
4	石灰岩粉（极细）＜0.1mm	17.1%
5	触变润滑剂	0.2%
6	木质纤维素	0.5%
7	纤维素醚	0.2%

表 5-7　不含丙烯酸可再分散乳胶粉粘结剂配方 2（代号 HS/FK10-A00/03J）- 机器施工

1	NHL2（Hessler）	35 %
2	石灰岩粉（粗）0.5~0.7 mm	12 %
3	石灰岩粉（细）0.2~0.5 mm	35 %
4	石灰岩粉（极细）＜0.1mm	17%
5	触变润滑剂	0.2%

6	纤维素醚	0.2%
7	木质纤维素	0.5%
8	减水剂	0.1%

5.2.3　粘结材料的制备

物料称量采取 10kg 电子秤用于大于 500g 用料量称量。电子天平用于小于 500g 用料量添加料称量。干粉搅拌机用于各种物料的混合（图 5-10），其原理为电机带动搅拌桨使粉料做圆周运动，同时中间螺旋轴带动粉料做垂直运动，通过一定时间的搅拌最终达到均一。物料加入方式为物料随转动机械从上口缓慢加入。

图 5-10　粉料搅拌

搅拌 30min 后，用小勺取出少量物料，压平观察其颜色及颗粒均匀性（图 5-11），并以合格留样品为参照，判断是否已搅拌均匀，以颜色、颗粒分布均匀为合格。经搅拌不合格产品，需继续搅拌，直至合格为止。

加工的用于点粘结加固使用材料以及实验室试验制样的材料见表 5-8。

图 5-11　粘结材料搅拌均匀性检测

表 5-8　施工用粘结材料批号及数量

材料批号	制备日期	数量 /Kg	备注
HS/FK09112008	2009-11-20	5	细缝粘结用料
HS/FK09112005J	2009-11-20	10	宽缝粘结用料
HS/FK09121105J	2009-12-11	10	宽缝粘结用料
HS/FK09121208	2009-12-12	10	细缝粘结用料
HS/FK09121405J	2009-12-14	15	宽缝粘结用料

续表 5-8

材料批号	制备日期	数量 /Kg	备注
HS/FK09121703	2009-12-17	10	实验用料
HS/FK09121703J	2010-12-17	10	实验用料
HS/FK09122305J	2009-12-23	15	宽缝粘结用料
HS/FK09122308	2009-12-23	10	细缝粘结用料
HS/FK10010608	2010-1-6	6	细缝粘结用料
HS/FK10010605J	2010-1-6	6	宽缝粘结用料
HS/FK10011105J	2010-1-11	10	宽缝粘结用料

5.2.4 花山现场条件下的粘结材料性能研究

5.2.4.1 施工现场及实验室的温湿度环境

温湿度对粘结材料强度的影响较大，本次施工及现场实验过程中对温湿度进行了人工记录。

由于实验室和施工现场温湿度记录非同步进行，因此不能完全进行对比。实验室温湿度记录期间为 2009 年 11 月 25 日至 2010 年 1 月 14 日，现场施工温湿度记录期间为 2009 年 12 月 15 日至 2010 年 1 月 14 日，记录结果见表 5-9。

表 5-9 实验室及施工现场温湿度记录

日期	实验室				施工现场			
	温度 ℃		湿度 %		温度 ℃		湿度 %	
	最高	最低	最高	最低	最高	最低	最高	最低
2009-11-25	29	19	68	44				
2009-11-26	24	20	71	60				
2009-11-27	30	21	80	50				
2009-11-28	27	20	85	58				
2009-11-29	24	20	79	60				
2009-11-30	25	20	79	57				
2009-12-1	26	19	62	46				

续表 5-9

日期	实验室				施工现场			
	温度 ℃		湿度 %		温度 ℃		湿度 %	
	最高	最低	最高	最低	最高	最低	最高	最低
2009-12-2	23	19	65	55				
2009-12-3	29	18	65	44				
2009-12-10	30	18	86	71				
2009-12-11	30	20	85	54				
2009-12-12	25	23	72	62				
2009-12-13	29	22	76	52				
2009-12-14	27	23	75	52				
2009-12-15	25	24	73	60	37	18	97	35
2009-12-16	28	19	75	42	25	14	61	44
2009-12-17	19	18	46	42	19	14	55	45
2009-12-18	18	16	45	43	17	14	51	45
2009-12-19	17	15	46	42	17	14	52	41
2009-12-20	16	15	48	41				
2009-12-21	17	15	46	43	19	13	51	40
2009-12-22	18	15	54	41	19	15	52	41
2009-12-23	20	17	75	54	22	17	79	52
2009-12-24	21	19	82	73	29	18	91	47
2009-12-25	22	19	82	68	29	19	90	45
2009-12-26	24	20	81	60				
2009-12-27	21	18	73	54				
2009-12-28	20	14	57	39	20	13	84	42
2009-12-29	19	18	71	48	19	17	80	42
2009-12-30	19	17	88	60	20	17	92	71
2009-12-31	19	17	88	74	20	17	85	70

续表 5-9

| 日期 | 实验室 | | | | 施工现场 | | | |
| | 温度 ℃ | | 湿度 % | | 温度 ℃ | | 湿度 % | |
	最高	最低	最高	最低	最高	最低	最高	最低
2010-1-1	18	17	77	72				
2010-1-3	20	16	86	71				
2010-1-4	24	18	86	58	27	15	95	52
2010-1-5	25	19	86	58	30	19	93	48
2010-1-6	24	18	81	55	30	17	88	47
2010-1-7	20	16	57	52				
2010-1-8	19	14	62	48	25	13	71	39
2010-1-9	19	18	61	49				
2010-1-10	18	16	88	61				
2010-1-11	17	15	80	69	23	15	91	42
2010-1-12	15	14	70	50	16	14	69	50
2010-1-13	15	14	57	44	18	14	55	43
2010-1-14	15	13	50	43	16	13	48	42

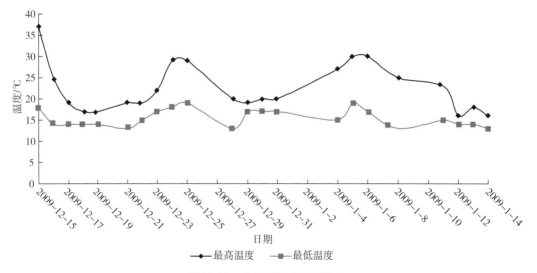

图 5-12　施工现场的温度统计

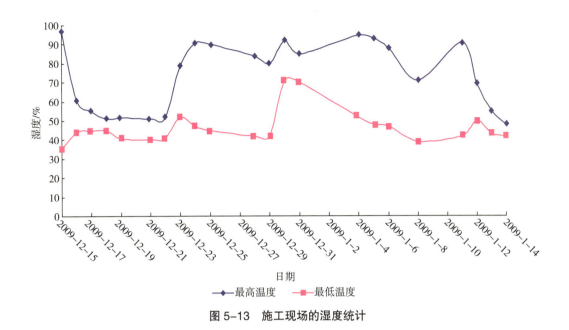

图 5-13　施工现场的湿度统计

从上图可知现场施工期间白天气温基本在 16~30℃ 之间，湿度在 50%~95% 之间，夜间气温基本在 13~20℃ 之间，湿度在 50% 以下，在这样干湿交替的气候条件下，非常有利于天然水硬性石灰材料强度的发挥。

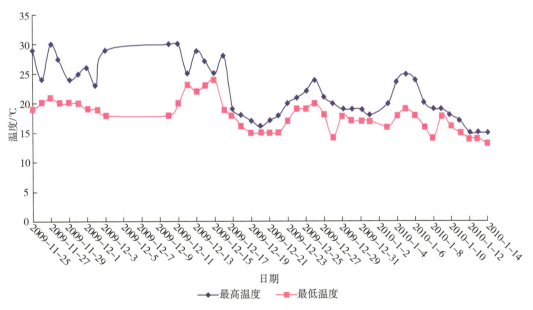

图 5-14　现场实验室的温度统计

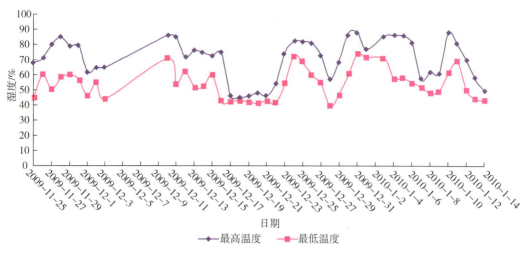

图 5-15　现场实验室的湿度统计

上图为现场实验室的温湿度监测记录。白天：12 月份前气温基本在 22~30℃ 之间，12 月份以后气温低于 25℃，主要集中于 16~25℃ 之间，湿度在整个记录过程中均处于 50%~90% 之间；夜间：12 月份前气温基本在 17~25℃ 之间，12 月份以后气温低于 20℃，主要集中于 15~20℃ 之间，湿度在整个记录过程中均处于 50%~75% 之间；通过上述分析可知，现场实验室与施工现场记录一致。由此证明，花山施工现场温湿度环境除温度稍高于大的环境外，基本与花山的温湿度环境一致。

5.2.5　现场实验室制备试块统计

现场实验室共制备试块约 300 块，这些试块以供性能测试使用（表 5-10），本次现场试验只对部分试块进行了测试，其余试块继续在花山现场养护，供后期测试使用。

表 5-10　拉拔强度试块（不包括注浆料试块）

材料批号	制备试块 / 组	龄期 / 天	备注
HS/FK09112008	7	7	
HS/FK09112005J	7	7	
HS/FK09121105J	7	7	
HS/FK09121208	7	7	
HS/FK09121405J	7	7	

续表 5-10

材料批号	制备试块 / 组	龄期 / 天	备注
HS/FK09121703	5	7	实验用 加水量 30%
HS/FK09121703J	5	7	实验用 加水量 26%
HS/FK09122305J	7	7	
HS/FK09122308	7	7	
HS/FK10010608	5	7	
HS/FK10010605J	5	7	
HS/FK10011105J	5	7	
HS/FK09121105J	14	7	界面处理、不处理
HS/FK09121105J	21	28	22%、25%、28% 三种加水量
HS/FK09121208	21	7	34%、38%、42% 三种加水量
HS/FK09121208	21	28	34%、38%、42% 三种加水量
NHL2	6	28	40% 加水量
共计	157		

表 5-11 折抗压试块（不包括注浆料试块）

材料批号	制备日期	数量 / 个	备注
HS/FK09121405J	2009-12-15	3	加水量 25%
HS/FK09122305J	2009-12-24	3	加水量 24%
HS/FK09122308	2009-12-24	3	加水量 35%
HS/FK09121703	2009-12-29	3	加水量 28%
HS/FK09121703J	2009-12-29	3	加水量 25%
HS/FK09121405J	2010-1-4	4	加水量 24%
HS/FK09122308	2010-1-4	4	加水量 34.5%
HS/FK10010605J	2010-1-6	3	加水量 24%
HS/FK10010608	2010-1-6	3	加水量 35%
HS/FK10010605J	2010-1-7	6	加水量 22%：3 个 23%：3 个

续表 5-11

材料批号	制备日期	数量 / 个	备注
HS/FK09122305J	2010-1-8	12	加水量20%：6个 21%：3个 22%：3个 23%：3个
HS/FK09122308	2010-1-8	9	加水量34%：3个 36%：3个 38%：3个
HS/FK10010608	2010-1-9	9	加水量34%：3个 36%：3个 38%：3个
HS/FK09121703	2010-1-11	9	加水量24%：3个 27%：3个 30%：3个
HS/FK09121703J	2010-1-11	9	加水量20%：3个 22%：3个 25%：3个
HS/FK10011105J	2010-1-11	6	加水量23%：3个 25%：3个
HS/FK10011105J	2010-1-11	9	加水量23%：3个 25%：3个 27%：3个
纯 NHL2	2010-1-11	9	加水量40%：3个 45%：3个 50%：3个
A 样	2010-1-17	9	加水量36%：3个 38%：3个 40%：3个
B 样	2010-1-17	9	加水量30%：3个 32%：3个 34%：3个
C 样	2010-1-17	9	加水量28%：3个 30%：3个 32%：3个
共计		134	

5.2.6　测试方法

1）凝结时间的测定

测定现场制备所有批次粘结材料的初凝、终凝时间的方法参照 GB/1346–2001 标准。

测定过程为：将物料加入一定量水后，搅拌均匀，装入凝结时间试模，振动 5~10 下后将试模刮平（图 5–16）。接近初凝时间时每隔 30min 测一次，接近终凝时间时每隔 20min 测一次。养护条件为花山气候条件下。

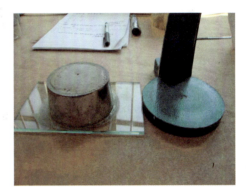

图 5–16　凝结时间的测定

2）稠度的测定

稠度可以快速反映出材料的需水量。

现场实验室采用砂浆稠度仪测定现场制备所有粘结材料的稠度，测试方法参照 JGJ/T70–2009 建筑砂浆基本性能试验方法标准。

测定过程：首先按一定比例将水加入砂浆搅拌机中，然后将物料缓慢加入，快搅 20s，慢搅 30s 后将粘结料导入稠度测定仪锥形锅内，用捣实棒捣 20~30 次，振动 30 次后，用刮平尺将上口刮平后，测定稠度，待稠度铅锥下落30s 后读数并记录。

图 5–17　粘结强度试块的制备

3）拉拔强度

使用 SW–5A 智能压力检测仪测定不同加水量、不同养护方式、不同配比粘结材料、不同养护龄期的现场制备粘结材料的拉拔强度（图 5–18），并制备长久养护在花山现场条件下的石块。

试块制备过程：使用 40mm × 40mm 大理石试块，用 80 目砂纸对粘结面进行打磨并用毛刷清理，然后用毛刷沾水润湿，将汉白玉试块放入三联模中固定见图 5–17，用搅拌好的粘结料进行填充，放置一段时间，待粘结材料有一定强度后，取出试块并修整后，送到花山现场养护。

图 5-18　粘结强度试块的养护　　　　图 5-19　粘结强度试块粘结强度的测定

4）抗折抗压强度

抗折抗压测试方法参照 GB/T17671-1999《水泥胶砂强度检验方法》。

试模制备：首先称量一定量的干粉物料，然后根据粘结材料需水量，称量自来水并加入到砂浆搅拌锅内，再将称量的干粉物料缓慢加入到慢速运转的砂浆搅拌机，待粉料完全加入后，进行慢搅 20s，快搅 30s。最后将搅拌好的湿料填充到试模中，经振实、刮平（见图 5-20）。

试块的养护：待试模中的试块有一定强度后（试模中养护时间不少于 12h，不大于 48h），拆除试模，将试块取出，送至花山施工现场进行养护（见图 5-21）。

由于现场实验室不能完成抗折抗压试验，因此抗折抗压测试在上海同济大学历史建筑保护技术实验室完成，检测使用设备为 YC-121 多功能材料强度试验机。检测过程记录如下：

图 5-20　抗折抗压试模制备　　　　图 5-21　抗折抗压试块的花山现场养护

a.抗压强度的测定

抗折实验机设定参数：定荷重上限 1000Kg，运行速度 5 mm/min，起始负荷 1Kg。

图 5-22　花山现场养护的抗折试块在上海实验室的抗折实验

b. 抗压强度的测定

抗压实验机设定参数：定荷重上限 10000Kg，运行速度 5 mm/min，起始负荷 1Kg。

图 5-23　花山现场养护的抗压试块在上海实验室的抗压实验

c. 抗折抗压强度试块

图 5-24　花山现场养护的试块经抗折抗压实验后

5）碳化深度

天然水硬性石灰作为抢救性工程粘结材料的粘结剂，其强度的产生主要源于水硬性成分的水化和氢氧化钙的碳化。因此，粘结材料经不同龄期养护后，氢氧化钙的碳化从表面纵深到内部深度能够一定程度上反应出材料强度发挥的过程。

现场实验室对拉拔强度试块的断面碳化深度检测过程为：

a. 酚酞溶液的配制

按重量比酚酞：无水乙醇 =1:99 进行混合，摇晃至酚酞完全溶解（图 5-25）。

图 5-25　用于检测碳化深度的酚酞溶液

b. 显色

将制备好的酚酞溶液均匀喷洒在材料断裂表面，根据酚酞试剂遇碱变红的原理，可以明显观察到粘结材料断面的碳化分界线（图 5-26），粉红色内四方为未碳化部分。

图 5-26　材料断面的碳化检测

c. 碳化深度测定

材料断裂面边缘至材料断裂面粉红色区域边缘垂直距离即为碳化深度。碳化深度测定见图 5-27。通过测定不同的养护时间下的碳化深度，可以推断材料碳化规律及完全碳化所需时间。

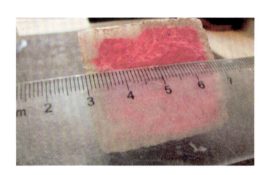

图 5-27 花山现场养护拉拔强度试块碳化深度检测

5.2.7 测试结果

5.2.7.1 抢险施工用粘结料的性能检测结果

现场对施工用粘结材料的基本性能检测，更加真实地反映了粘结材料在现场条件的使用性能。同时以满足抢救性工程角度制定一系列材料检测标准，保证了材料使用的安全性。不同种类及批号粘结材料检测报告见附录。

现场制备的用于抢险点粘结的材料检测结果见表 5-12，拉拔强度为试块在花山条件下养护 7 天结果。

表 5-12 现场制备同种材料不同批号的检测结果

材料批号	稠度 /mm	初 / 终凝结时间 /h	拉拔强度 /Mpa	备注
HS/FK09112008	43	13/19	0.246	细缝粘结用料
HS/FK09112005J	68	7/20	0.536	宽缝粘结用料
HS/FK09121105J	65	10/23	0.614	宽缝粘结用料
HS/FK09121208	41	12/20	0.236	细缝粘结用料
HS/FK09121405J	63	11/20	0.559	宽缝粘结用料
HS/FK09121703	65	20/26	0.166	实验用料
HS/FK09121703J	62	16/24	0.265	实验用料
HS/FK09122305J	65	11/20	0.614	宽缝粘结用料
HS/FK09122308	42	13/22	0.224	细缝粘结用料
HS/FK10010608	45	15/24	0.216	细缝粘结用料
HS/FK10010605J	68	11/22	0.512	宽缝粘结用料
HS/FK10011105J	63	12/22	0.58	宽缝粘结用料

从表中可以看出，用于宽缝点粘结材料其稠度变化介于 63~68mm，平均 65mm；高于细缝用粘结料，与其中含粗石灰岩颗粒及加水量多少有关。宽缝粘结料初凝时间变化于 7~12h，与细封口料凝结时间基本相同。而宽封粘结料拉拔强度变化于 0.512~0.614Mpa，平均 0.569 Mpa，明显高于细缝粘结料，后者变化于 0.216~0.246Mpa，平均为 0.231 Mpa。

1）宽缝粘结材料不同批号材料性能的对比见图 5-28。

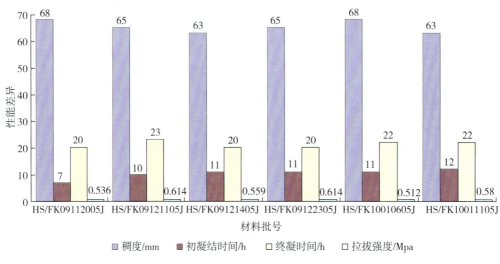

图 5-28　现场用宽缝粘结用料不同批号性能差异对比

2）细缝粘结料不同批号的材料性能对比见图 5-29。

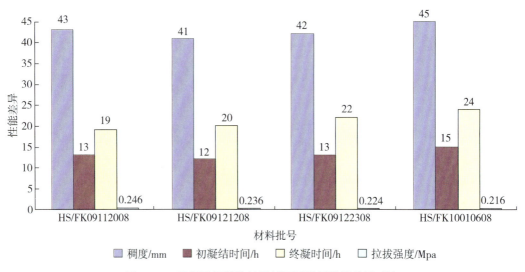

图 5-29　现场用细缝粘结用料不同批号性能差异对比

上述不同批次的宽缝粘结料和细缝粘结料的性能检测均在现场实验室条件下完成，温湿度环境与施工现场基本一致。通过对比温湿度敏感的凝结时间发现，不论是哪种粘结料其凝结时间差异均相对较大，其中宽缝粘结料初凝变化范围为 7~12h，差值为 5h，终凝变化范围为 20~23h，差值为 3h；细缝粘结料初凝变化范围为 12~15h，差值为 3h，终凝变化范围为 19~24h，差值为 5h。由此推断，同种材料不同批号的粘结材料性能差异可能由不同检测日期下的环境不同引起。材料性能检测说明：随粘结材料施工性随温湿度环境变化明显，但各批材料粘结强度均远高于材料设计强度（不低于 0.1Mpa），满足工程试验的抢救性需要。

5.2.7.2　粘结强度及其影响因素

粘结材料的强度是判断材料可靠性的重要标准，但材料强度差异除材料本身因素外，材料所处的环境是影响其发挥的重要因素。现场实验室的建立，为施工用粘结材料在施工现场的强度试块制备及养护提供了条件，使实验结果更能体现出材料在花山应用的实际性能。

宽缝粘结材料和细缝粘结材料是本次抢救性工程的主要使用材料，鉴于宽缝粘结材料的使用情况考虑及两种材料在某种程度上的共性考虑，研究宽缝粘结材料的更有代表性。

1. 加水量对粘结料 7 天、28 天粘结强度影响

为了给粘结材料现场搅拌的水量控制提供参考，弄清施工过程中失水对粘结材料的强度影响，现场实验室分别对宽缝和细缝粘结料不同加水量及不同龄期条件下的粘结强度进行了研究。具体数据见表 5-13。

表 5-13　不同粘结材料粘结强度与加水量的关系

材料类型	龄期/天	试块 / 加水量/%	粘结强度/Mpa							
			1	2	3	4	5	6	7	平均
宽缝粘结料	7	22	0.265	0.275	0.150	0.488	0.388			0.313
		25	0.475	0.444	0.425	0.488	0.494	0.248		0.429
		28	0.319	0.319	0.306	0.351	0.241			0.307
	28	22	0.619	0.706	0.756	1.125	0.688	0.756	1.010	0.809
		25	0.710	0.950	0.940	0.969	0.988	1.023	0.820	0.914
		28	0.395	0.438	0.500	0.819	0.700	0.500	0.571	0.560

续表 5-13

材料类型	龄期/天	试块 加水量/%	粘结强度/Mpa							
			1	2	3	4	5	6	7	平均
细缝粘结料	7	34	0.318	0.228	0.181	0.192	0.158	0.143	0.238	0.208
		38	0.128	0.307	0.169	0.169	0.257	0.428		0.243
		42	0.113	0.173	0.139	0.127	0.104	0.191	0.252	0.157
	28	34	0.318	0.294	0.313	0.381				0.327
		38	0.252	0.445	0.444	0.503	0.513			0.431
		42	0.343	0.406	0.413	0.431	0.456			0.410

不同加水量粘结材料拉拔强度的对比见图 5-30，宽缝粘结材料的加水量过多时 7/28 天强度减少比较明显，当加水量从 25% 增至 28% 时，7 天粘结强度从 0.429Mpa 降至 0.307Mpa，且低于加水量为 22% 时的粘结强度 0.313Mpa，28 天粘结强度从 0.914Mpa 降至 0.56Mpa，且低于加水量为 22% 时的粘结强度 0.809Mpa。细缝粘结料随加水量的增加强度降低要缓慢得多，由此证明含有粗骨料的宽缝粘结料，粘结界面接触处较易泌水，从而在粘结界面产生了水膜（前期实验已经证明），降低了粘结界面的粘结力。实验同时得出了粘结料存在最佳加水量的结论。但不论是宽缝粘结料还是细缝粘结料在一定加水量范围内都能满足 7 天粘结强度不低于 0.1 Mpa 的设计要求，即宽缝粘结料 22%~28% 加水量的 7、28 天粘结强度分别为 0.307~0.429Mpa、0.56~0.914 Mpa，细缝粘结料 34%~38% 的加水量的 7、28 天粘结强度分别为 0.157~0.243Mpa、0.327~0.431 Mpa。

a）宽缝粘结材料不同加水量 7/28 天粘结强度见图

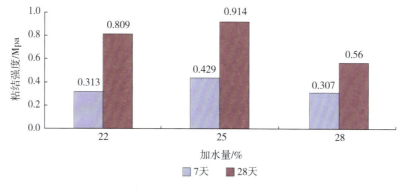

图 5-30　宽缝粘结材料不同加水量 7/28 天粘结强度

ｂ）细缝粘结材料不同加水量 7/28 天粘结强度见图

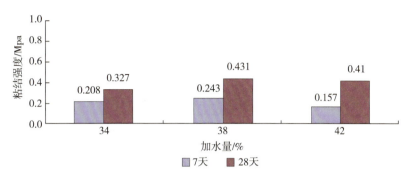

图 5-31　细缝粘结材料不同加水量 7/28 天粘结强度

由此可知，加水量在一定范围的变化不会影响工程质量。施工人员可根据施工需要适当调整水量。

2. 搅拌方法对粘结料 7 天粘结强度影响

研究搅拌方式对强度影响的主要意义在于判断材料的施工随意性，人工搅拌是否会对其粘结性能产生影响。具体记录见表 5-14。

表 5-14　宽缝粘结材料在不同搅拌方式下 7 天的粘结强度

材料类型	龄期 / 天	试块　加水量 /%	粘结强度 /Mpa							
			1	2	3	4	5	6	7	平均
宽缝粘结料	7	人工搅拌	0.510	0.568	0.600	0.686	0.488	0.500		0.559
		机械搅拌	0.633	0.625	0.563	0.513	0.324	0.569		0.538

搅拌方式对宽缝粘结材料的影响见图 5-32。由图可知，人工搅拌的 7 天粘结强度为 0.559Mpa，机械搅拌的 7 天粘结强度为 0.538Mpa，说明人工搅拌和机械搅拌对材料粘结强度影响不明显。因此，施工用粘结材料可以随时搅拌使用。

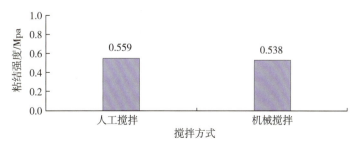

图 5-32　宽缝粘结材料不同搅拌方式 7 天粘结强度

3. 施工用粘结料放置时间对材料粘结强度影响

施工时，为避免材料污染、保证粘结质量，粘结材料经加水搅拌后，很难在短时间内用完，因此需要放置待用。表5–15为粘结材料经搅拌后放置不同时间后使用的32天粘结强度数据。

表 5–15　宽缝粘结料经搅拌放置不同时间后粘结强度的变化

材料类型	龄期/天	试块 放置时间/min	粘结强度/Mpa							
			1	2	3	4	5	6	7	平均
宽缝粘结料	32	30	0.794	0.734	0.844	0.706	0.731			0.762
		90	0.581	0.731	0.710	0.863	0.763			0.730
		150	0.697	0.768	0.700	0.625	1.000			0.758

施工用粘结材料在不同放置时间下拉拔强度在同等条件下养护32天的结果见图5–33。对比可知，粘结材料经搅拌后放置时间分别为30min、90min、150min时，强度依次为0.762Mpa、0.73 Mpa、0.758 Mpa，其粘结强度不存在下降趋势，这说明施工用粘结材料非常适合于耐心细致的文物修复工作对材料使用时间的要求。

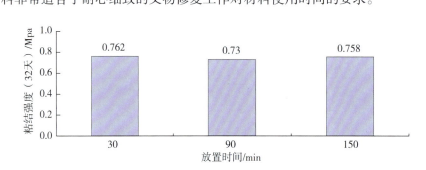

图 5–33　宽缝粘结材料搅拌后不同放置时间花山现场养护32天粘结强度

4. 养护条件对宽缝粘结材料 7 天粘结强度影响

表5–16。

表 5–16　粘结材料不同养护条件下的数据

材料类型	期/天	试块 养护方式	粘结强度/Mpa							
			1	2	3	4	5	6	7	平均
宽缝粘结料	7	湿度小于60%润湿	0.431	0.513	0.571	0.513	0.527	0.668	0.546	0.538

续表 5-16

材料类型	期/天	试块 / 养护方式	粘结强度 /Mpa							
			1	2	3	4	5	6	7	平均
宽缝粘结料	7	花山自然条件养护	0.625	0.491	0.625	0.813	0.488	0.640		0.614

其中一组试块为：当湿度小于 60% 时，对试块粘结处进行润湿处理；另一组试块为花山现场自然条件下养护。

粘结强度试块在养护期间受到润湿与否的条件下，粘结强度差异见图 5-34。

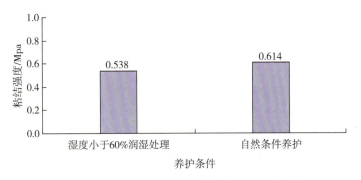

图 5-34　宽缝粘结材料不同养护条件下 7 天粘结强度

对比可知花山自然条件下养护非常有利于粘结强度的增加，可不需人为干预。

5. 添加剂对拉拔强度影响

两种不含丙烯酸可再分散乳胶粉的粘结材料在花山条件下的 7 天粘结强度数据见表 5-17。

表 5-17　不含丙烯酸可再分散乳胶粉粘结材料的粘结强度

材料代号	龄期/天	试块 / 添加剂	1	2	3	4	5	6	平均
03J	7	–	0.222	0.171	0.305	0.204	0.421		0.265
03		–	0.200	0.121	0.160	0.159	0.186	0.170	0.166

03J 代表粘结材料：HS/FK10-A00/03J（下同）

03 代表粘结材料：HS/FK10-A00/03（下同）

从上表可知，两种不含丙烯酸可再分散乳胶粉材料粘结强度分别为 0.265Mpa、0.166Mpa，其中不含减水剂粘结材料（材料代号 HS/FK10–A00/03）最低，且均低于施工用粘结材料粘结强度（含可在分散乳胶粉粘结料）。由此说明，丙烯酸可在分散乳胶粉对粘结材料的前期强度贡献明显，很大程度上弥补了水硬石灰基粘结材料早期强度较低的缺陷。

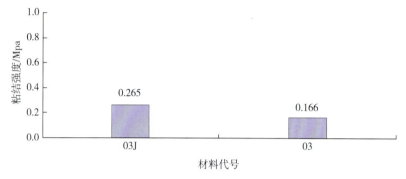

图 5–35　不含丙烯酸可再分散乳胶粉粘结材料 7 天粘结强度

通过对比两种不含丙烯酸可再分散乳胶粉粘结封口材料可知，通过添加减水剂降低加水量也能有效提高粘结材料的粘结强度（见图 5–35），不含减水剂粘结强度为 0.166Mpa，含减水剂粘结强度为 0.265Mpa，差值约为 0.1 Mpa。

5.2.7.3　抗折抗压强度

现场制备的试块，在花山现场养护条件下 120 天的抗折抗压强度测试结果见表 5–18。

表 5–18　宽缝和细缝粘结材料的抗折抗压强度

	宽缝粘结料 /Mpa	细缝粘结料 /Mpa
抗压强度	5.3	3.4
抗折强度	3.2	2.5
抗压抗折比	1.7	1.4

从中可以看出，宽缝粘结料抗压强度为 5.3 Mpa，抗折强度为 3.2 Mpa，抗压抗折比为 1.7，细缝粘结料抗压强度为 3.4 Mpa，抗折强度为 2.5，抗压抗折比为 1.4，两种材料的抗压抗折比小于 3，不易开裂。

两种材料的抗压抗折参见图 5–36、图 5–37。

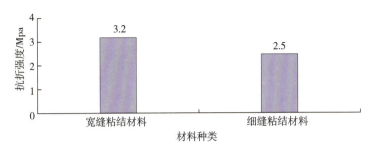

图 5-36　施工用粘结材料在花山现场养护条件下 120 天的抗折强度

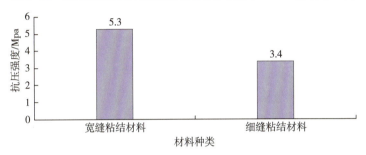

图 5-37　施工用粘结材料 120 天的抗压强度

5.2.7.4　碳化深度

通过测定花山养护条件下材料断裂面的碳化深度发现，两种施工用两种粘结材料的相同龄期的平均碳化深度基本相同，其碳化均为 7 天：1~2mm（见图 5-38），28 天：4~5mm（图 5-39）。通过观察断裂面，发现粘结材料的断裂基本属于材料内部断裂，说明粘结材料与汉白玉试块有很好的粘结强度；同时发现由于试块摆放紧密引起个别粘结接触紧密试块各边碳化深度存在差别（见图 5-40）。

图 5-38　粘结材料 7 天的　图 5-39　粘结材料 28 天的　图 5-40　截面通风引起的
　　　　碳化深度　　　　　　　　碳化深度　　　　　　　碳化深度差别

粘结材料的碳化是一个随时间而渐进的过程，且受到外界条件及材料本身因素的影响，因此，粘结材料的碳化与水化对粘结材料的贡献程度需要进一步实验研究。

第6章 工程施工

花山岩画保护工程是在一系列前人前期研究工作基础上得以开展并实施的。尤其是改性天然水硬性石灰作为粘接加固材料的研发为保护工作奠定了基础。正式的保护工程分为三期，依次开展。在正式的三期工程开展之前，为了确保粘接加固材料的施工效果并可以近距离全面观察材料在岩画保护上的表现，开展了为期一年的一期试验性工程。下面从方案设计，工程施工和效果检测三个方面来简要说明。

6.1 方案设计说明

6.1.1 设计依据

本保护方案设计的主要依据是：《中华人民共和国文物保护法》、《中华人民共和国文物保护法实施细则》、《纪念建筑、古建筑、石窟寺等修缮工程管理办法》、《国际古迹保护与修复宪章》(威尼斯宪章)、《中国文物古迹保护准则》等政策法规文件；以及《石灰岩质文物裂缝注浆材料及工艺研究》课题报告等研究资料；国家文物局关于花山岩画的批复等；宁明花山岩画的保存现状、文化遗存的材料组成与结构、病害类型与成因、保护修复目的等。

6.1.2 设计目的

花山岩画修复保护工程的总体目标是保护区域崖壁上约5000m²岩画，在尽可能维持岩画现有空间状态的前提下，努力确保每一处可接触到的开裂岩画岩体的安全稳定，在尽可能长的时间内不再出现岩画开裂体脱落现象。

6.1.3 设计原则

以保护花山岩画现状为指导思想，尊重岩画的真实性与完整性。任何保护措施均应遵守"不改变文物原状""最小干预性""可再处理性"和"最大兼容性"等基本原则，保持岩画的真实性；尽可能地保护岩画本体所包含的历史信息，和岩画及其载体以及周边环境的完整性。

加固保护技术措施主要是归位粘接、填充粘接与灌浆粘接；具体粘接方式根据开裂岩块的大小及开裂程度计算而定。

原则上不进行岩画修复；但对于脱落或者将要脱落的岩画岩片必须进行归位粘结。

渗水病害、岩溶病害、微生物病害及岩画颜料风化病害等其他病害，作为花山岩画未来的长期保护工作，需要在更深入研究的基础上，逐步进行治理；本期保护工程不作为工作内容。

重视遗址环境。环境是花山岩画不可分割的组成部分，应最大限度地维持岩画周边环境的现有状态。

6.1.4　设计思路

花山岩画本体开裂主要是由温差变化为主，干湿变化为辅导致的活动性"死裂缝"，这种裂缝的长度和宽度会随温差及干湿交替变化而轻微变化。由于花山岩画本体处于自然的山崖上，无法将其控制在恒温恒湿的环境下，病因无法得到根除或缓解，本体裂缝会继续发展，直到表层岩片与基岩完全分离为止。因此必须采取必要干预手段将开裂的岩画岩体固定到相对稳定的基岩上，缓解开裂的程度和速度。

针对不同岩画开裂剥离类型提出封口粘结材料和注射粘结材料的配比，这一系列粘接加固材料基本需要满足以下性能要求：

1. 使用的粘接材料与工艺必须为将来的加固与修复提供可能；

2. 粘接材料的化学成分必须与岩画本体材质相近，同时具有良好的稳固性、长效性、安全性；

3. 粘接材料具备耐潮湿性能（相对湿度 70% ~100%），热膨胀系数等性能指标与岩画岩体相匹配，适合岩画的环境条件，不产生衍生破坏作用；

4. 粘结材料固化物的强度应略低于岩画本体石灰岩体强度，加固好的岩片若开裂应该仍沿老的裂纹发展，不产生新的裂纹；

5. 粘结材料固化物能缓解凝结水对岩画的溶蚀影响。

6.1.5　保护方案设计

对于花山岩画开裂岩体加固采用改性天然性水硬石灰材料。根据不同的开裂岩体形态，开裂、脱落、空鼓、危岩体，采用相应的粘接、加固和灌浆材料进行粘接、加固、灌浆。

6.1.5.1　保护修复基本措施

参考文物保护的基本方法，针对花山岩画自身病害特征，拟采用粘接、归位粘接、注浆粘接等系列保护方法。

6.1.5.2　粘结加固材料性能及主要技术参数

开裂岩画本体粘结加固材料可分成四类：第一类为归位粘结材料，第二类为点粘接粘结材料，第三类为封口粘结材料，第四类为注射粘结材料：

归位粘接材料主要用于脱落岩片或者揭取岩片的复位粘接；

"点"粘接材料主要是将已经开裂的岩片粘结住，防止脱落，同时防止注射材料流失；

封口粘接材料是将已经点粘接的岩画片的裂隙全部封堵住，同时在合适的部位预埋上合适粗细的注浆管，为注浆做准备；

注射粘结材料是注射到裂隙中，起粘结及填充作用；

从材料技术要求角度，归位粘结材料、"点"粘接材料和封口材料应具有很好的粘结性、耐久性及韧性，且具有很好的湿黏性和很好的可操作时间；注浆材料应具有很高的流动性，使材料可以流到裂缝的各个角落进行填充和粘结。根据裂缝的类型，需要采用不同黏度，不同粒径的注射粘结材料，以满足不同的要求。四类粘结加固材料的配比及主要技术参数要求如下：

1. 归位粘接材料

归位粘接材料主要用于脱落岩片或者揭取岩片的复位粘接。材料配比（代号为 HS/FK05-A10/08）见表 6-1。

表 6-1　花山归位粘结材料配方单

序号	材料名称	配方比例 %
1	NHL2（Hessler）	49.3
2	石灰岩粉<0.1mm	48.8
3	可再分散乳胶粉	1
4	触变剂	0.2
5	木质纤维素	0.5
6	纤维素醚	0.2

该材料除可以用于脱落岩片的复位粘接，还可以用于小于3mm的裂隙是封口粘接。

该材料的主要技术参数如下：

水 灰 比：36%　　　　　　　　稠　　度：41mm

初凝时间：12h　　　　　　　　终凝时间：20h

7 天拉拔强度：0.23MPa

2. 点粘接粘结材料

"点"粘接是用石灰基封口粘接材料对已经开裂，但是开裂岩片仍然与原岩体相连的岩画片的抢救性粘接。材料配比（代号为 HS/FK10—A10/05J）见表 6-2。

表 6-2　花山点粘接材料配方单

序号	材料名称	配方比例 %
1	NHL2（Hessler）	35
2	石灰岩粉 0.5~0.7mm	12
3	石灰岩粉 0.2~0.5mm	35
4	石灰岩粉＜0.1mm	16
5	可再分散乳胶粉	1
6	触变剂	0.2
7	木质纤维素	0.5
8	减水剂	0.1
9	纤维素醚	0.2

该材料的主要技术参数如下：

水 灰 比：22.5%　　　　　　　稠　　度：38mm

初凝时间：10h　　　　　　　　终凝时间：23h

7 天拉拔强度：0.5MPa（平均）　　28 天抗压强度：3.5MPa（平均）

28 天抗折强度：2.9MPa（平均）　　28 毛细吸水率系数：0.8Kg/m^2/$h^{1/2}$

3. 封口粘结材料

封口是用封口粘接材料将已经点粘接的岩画片的裂隙全部封堵住，同时在合适的部位预埋上合适粗细的注浆管。材料配比（代号为 HS/FK10—A10/05J）见表 6-3：

表6-3　花山封口材料配方单

序号	材料名称	配方比例 %
1	NHL2（Hessler）	35
2	石灰岩粉 0.5~0.7mm	12
3	石灰岩粉 0.2~0.5mm	35
4	石灰岩粉＜0.1mm	17
5	触变剂	0.2
6	木质纤维素	0.5
7	减水剂	0.1
8	纤维素醚	0.2

　　和"点"粘结材料相比，封口材料中去掉了可再分散丙烯酸乳胶粉，以降低封口粘接材料的粘接强度。该材料的主要技术参数如下：

　　水　灰　比：22.5%　　　　　　稠　　　度：38mm

　　初凝时间：16h　　　　　　　　终凝时间：24h

　　7天拉拔强度：0.26MPa（平均）

4. 注浆粘结材料

　　注浆是用石灰基注浆材料对开裂的岩片进行完整的加固。包括点粘接、封口、注浆。该材料分为两种，其配比见表6-4（代号为HS/ZJ05—NHL49/A00/03）、表6-5（HS/ZJ05—NHL100/A00/02）：

表6-4　花山注浆材料配方单

序号	材料名称	配方比例 %
1	NHL2（Hessler）	49.2
2	石灰岩粉＜0.1mm	50
3	消泡剂	0.3
4	减水剂	0.3
5	纤维素醚	0.2

该材料的主要技术参数如下：

水 灰 比：36% 流 动 度：152mm

初凝时间：29h 终凝时间：35h

7 天拉拔强度：0.16MPa

表 6-5　花山注浆材料配方单

序号	材料名称	配方比例 %
1	NHL2（Hessler）	99.2
2	消泡剂	0.3
3	减水剂	0.3
4	纤维素醚	0.2

该材料的主要技术参数如下：

水 灰 比：50% 流 动 度：158mm

初凝时间：23h 终凝时间：32h

7 天拉拔强度：0.09MPa

代号为 HS/ZJ05—NHL100/A00/02 为预注浆材料。但从实际施工来看预注浆并不合适。因为预注浆后，易堵住注浆通道，无法再次注浆。

6.1.6　原材料技术参数

6.1.6.1　天然水硬性石灰（NHL）

使用的天然水硬性石灰（NHL）需要满足欧洲标准 EN-459-1（2002）有关的 NHL 的定义，并每半年严格按照欧洲标准（EN-459-2）规定的检测技术方法通过检测，并有检测报告。天然水硬性石灰（NHL）技术要求见表 6-6：

表 6-6　天然水硬性石灰 NHL2 的技术质量标准（EN459-1，2）

技术参数	单位	EN459-1 要求	德国 Hessler 公司 NHL2 检测结果	备注
CaO	%	－	63.3	
MgO	%	－	2.7	
SO₃	%	≤ 3	0.98	

续表 6-6

技术参数	单位	EN459-1 要求	德国 Hessler 公司 NHL2 检测结果	备注
自由钙	%	≥8	25.3	
CO2	%	–	1.9	
自由水	%	≤ 2	1.0	
结晶水	%	–	12.1	
烧失率（1000+-25C）	%	–	13.8	
细度 0.09mm	%	≤ 15	0	
细度 0.2mm	%	≤ 5	0	
容积密度	Kg/dm3	–	0.72	
需水量	g	–	280	
针入深度	mm	10~50	24	
延展量	mm	182~188	184	
空气含量	V%	≤ 20	3	
抗压强度	MPa	2.0~7.0	3.2	
初凝开始时间	Min	≥60	420	
形体稳定性	Mm	≤ 2	0.1	

注：以实验来看，我们建议优先选用德国 Hessler 公司生产的 NHL2 或者法国 St Astier 生产的 NHL5。

6.1.6.2 石灰石骨料

使用的石灰石骨料需采用花山或者具有相同化学成分的石灰石破碎，筛分而成。其化学成分及密度要求见表 6-7：

表 6-7　花山石灰石成分检测表

检测项目	花山灰岩（质量百分比 %）
SiO_2	0.25
Fe_2O_3	0.06
Al_2O_3	0.06
TiO_2	/
CaO	47.80

检测项目	花山灰岩（质量百分比 %）
MgO	7.76
K$_2$O	/
P$_2$O$_5$	/
SO$_3$	0.06
ZnO	/
MnO	/
ZrO$_2$	/
Y$_2$O$_3$	/
烧失量	44.39
合量	100.38

6.1.6.3　可再分散丙烯酸乳胶粉

可再分散丙烯酸乳胶粉主要增强早期粘结强度，但其最终强度可能较高，因此仅可用于抢救性点粘接材料中。

其他助剂

纤维素醚是一种保水增稠剂，它可以使新拌粘结材料增稠从而防止离析并获得均匀一致的可塑体，还有助于保持薄层砂浆中的水分。其主要技术参数如下：

含　水　量：0~6%　　　　　　黏　　　度：24000~32000

分子长度：0~270mm

减水剂是一种能减少粘结材料中必要的单位用水量，并能满足规定的稠度要求，提高干粉材料的和易性的外加剂。其主要技术参数如下：

干燥损失量：≤2%（1h 80℃）　　燃点：410℃

密度（20% 溶液）：1.0~1.2g/cm^3　　堆积密度：300~600 Kg/m^3

pH（20℃溶液）：6.5~8.5

触变润滑剂是一类经过特殊加工处理的纯无机片状的硅酸盐类添加剂。主要是改善粘结材料的施工性、开放时间和一致性。其主要技术参数如下：

含　水　量：9.8%　　　　　　45 微米筛余量：≤0.1%

松散堆积密度：610 g/L

木质纤维素是阻止粘结材料微裂缝的形成和发展，从而使其具有优异的抗冲击、抗开裂性能。其主要技术参数如下：

燃　　点：约 500℃　　　　　　　密　　度：1.5g/cm³

PH（20℃）：6.5~8.5　　　　　　热解温度：约 200℃

消泡剂是帮助释放粘结材料混合和施工过程中所夹带或产生的气泡，提高抗压强度，改善表面状态的一类外加剂。其主要技术参数如下：

燃点：＞100℃　　　　　　　　堆积密度（20℃）：470~710 Kg/m³

6.2　修复加固工艺

6.2.1　归位粘接工艺及规程

（1）确定保护对象

根据设计方案逐块确定需要进行归位粘接的具体岩片。判定开裂岩片是否剥离原岩或悬挂可采用观察与触摸结合法，较为隐蔽的松动岩片可借助敲击法判断。

（2）留取资料

留取资料包括三部分内容：拍摄照片、填写保护修复档案表和绘制 AutoCAD 图。

照片：至少有一张用于保护修复效果对比的正面照片；另拍 3~5 张能够反映开裂岩块形态特征的局部照片。照片要求：采用 JPG 格式、像素大于 500 万、清晰、不偏色、拍摄对象应位于照片中部的焦点位置。

保护修复档案表：必须真实、准确填写保护修复档案表。

（3）揭取

采用橡皮锤协助，揭取已完全开裂的岩画片；采用标志笔及时在揭取岩片的隐蔽处编号；采用毛头纸（或卫生纸）、聚乙烯塑料泡沫板（或垫片）等包装材料及时对揭取的开裂岩画表面进行有效保护。

（4）清洁粘接面

采用铜丝刷（或不锈钢刷）对开裂岩片及原岩粘接面进行打磨清理；然后采用压缩空气吹净粘接面。

（5）调配粘接剂

根据粘接面的粗糙程度及开裂岩片的大小选用合适的归位粘接材料配比与用量，加去离子水搅拌成熟，装入密封袋中密封保存，密封袋上贴上材料批号、配比、调配人及使用日期记录，备用。

（6）选择粘结部位

根据开裂岩片的重量、开裂面的走向等选择合适的粘结部位。对于负坡形粘接面、重的岩画片要做好支护准备：聚乙烯塑料泡沫垫片、木板、木棍、麻袋片、胶带、各种尺寸的木楔等。

（7）润湿粘接面

根据粘接面的大小与空间形态，采用软毛笔（刷）蘸取去离子水对选定的粘接面进行润湿。

润湿既要充分到位，又不能积聚成膜。

对于粘接面附近的岩画覆盖区，润湿时须用毛巾或脱脂棉铺覆保护。

（8）涂抹归位粘结剂

在开裂岩片及原岩体上选定的粘接面分别涂抹已调配好的归位粘结剂，要求涂布均匀，厚度适中，在保证有效粘接面的同时，尽可能不使粘结剂溢出开裂岩片边缘。

（9）核对编号及部位

在归位粘接前，仔细核对开裂岩片的编号及相应部位与走向，避免张冠李戴，确保一次粘接成功。

（10）原位粘接

将开裂岩片按原部位与走向平稳回粘，轻轻摇晃回粘的开裂岩片，校正回粘位置，尽可能减少人为偏差，保证其能较好地贴回原处。

（11）压实粘接面

采用橡胶锤轻敲回粘的开裂岩片，使其尽可能与原岩体密切贴合，不留空隙。

（12）表面清理

采用自制竹签刮除开裂岩片周边及表面多余的归位粘接剂，再用棉签及去离子水将残剩粘接剂清理干净。务必对接触过粘接剂的岩画表面进行认真清洗，否则易留下白色斑块。

（13）支护保护

对归位粘接加固的岩片进行简易的支护保护，防止固化稳固前垮落破坏。支护保护的措施可采取简易可行的木（竹）架支顶、胶条粘接防护等方法。

（14）粘接剂留样

剩余的归位粘接剂，放入带有材料批号、配比、调配人及使用日期记录标签的密封袋中，及时交回工地实验室留样。

（15）质量检验

养护 48 小时后，采用目测或借助放大镜对归位粘接好的开裂岩片进行初步质量检验，看是否有裂纹。不合格者返工，重新粘接。

相对湿度低于 50% 时，每天应用去离子水早晚各养护一次。

（16）留取资料

要求同上。

6.2.2　点粘接工艺及规程

（1）确定保护对象

根据设计方案和原则，逐块确定需要进行点粘接的具体岩片。

（2）留取资料

下面每一步骤都应拍摄照片。

（3）清理裂隙

根据裂隙形态与宽度，可采用竹签、试管刷、铜丝刷（或不锈钢刷）、管道疏通器等清除裂隙中的虫穴、泥垢等。

对于拟粘接点处的开裂岩片及原岩粘接面需要用竹签或金属锐器进行仔细打磨，以便增加粘接系数。

清理、打磨后的裂隙均需采用压缩空气吹净尘埃。

（4）选择粘接剂

根据开裂岩片的大小、裂隙的形态与宽度、相关试验的成果数据等选择适当的粘接材料配比。

（5）调配粘接剂

根据开裂岩片的大小选用粘接材料，称量后加去离子水搅拌成熟，装入密封袋中密封保存，密封袋上贴上材料批号、配比、调配人及使用日期，备用。

（6）选择粘结点

与"选择粘接剂"同步进行。

根据开裂岩片的重量、裂隙的走向、粘接剂的粘接强度等选择合适的粘结点，在确保维持开裂岩片现状稳定与安全的前提下，尽可能保持裂隙通畅，为未来的灌浆加固等保护修复工作留有余地。

对于负坡形大块（≥3，600cm³，或≥10Kg）开裂岩体的点粘接要防备意外发生，做好支护准备：聚乙烯塑料泡沫垫片、木板、木棍、麻袋片、胶带、各种尺寸的木楔等。

（7）润湿粘接面

采用软毛笔（刷）蘸取去离子水对选定点的粘接面进行润湿。

润湿既要充分到位，又不能积聚成膜。

对于粘接点附近的岩画覆盖区，润湿时须用毛巾或脱脂棉铺覆保护。

（8）填充粘结剂

在选定的粘接点处，先用已调配好的、具有适当黏度的粘接剂在开裂岩片及原岩的粘接面上用力刮（或勾抹）一层，用以增加粘接系数，扩展有效粘接面。

再用自制竹签将已调配好的粘接剂尽可能深地填入粘接点处的缝隙，填满填实，尽可能不使粘结剂溢出缝隙边缘。

（9）挤压密实

采用自制竹签或自制勾缝工具对填充在缝隙中的粘接剂进行逐层捣压密实，直至有水分渗出为止。粘接剂表层必须碾压结实，凹入缝隙2~5mm，水分渗出后再用棉签腻平。

（10）表面清理

采用棉签及去离子水将挂在岩画表面的粘接剂清理干净。注意：务必对接触过粘接剂的岩画表面进行认真清洗，否则易留下白色斑块。

（11）粘接剂留样

剩余的粘接剂，放入带有材料批号、配比、调配人及使用日期记录标签的密封袋中，及时交回工地实验室留样。

（12）质量检验

养护48小时后，借助放大镜对"点"粘接好的开裂岩片进行初步质量检验。检查是否有微裂纹，有即为不合格。不合格者返工，重新粘接。

（13）留取资料

6.2.3　注浆工艺及规程

注浆工艺包括三部分：点粘接、封口预埋注浆管、灌浆。

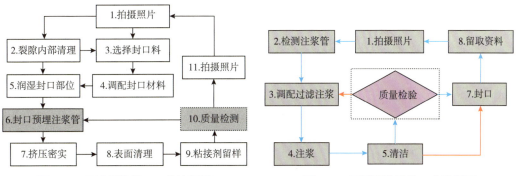

图 6-1　开裂岩片封口工艺流程图　　　图 6-2　开裂岩片注浆工艺流程图

注浆工艺规程

1. 点粘接

同点加固操作规程

2. 封口、预埋注浆管

（1）拍摄照片

照片应采用 JPG 格式，像素大于 500 万、清晰、不偏色、拍摄对象应位于照片中部的焦点位置，且每一步骤都应拍摄照片。

（2）裂隙内部清理

根据裂隙形态与宽度，可采用自制竹签、试管刷、铜丝刷（或不锈钢刷）、管道刷等清除裂隙中的虫穴、泥垢等。

对于封口的开裂岩片及原岩粘接面需要用竹签或金属锐器进行仔细打磨，以便增加粘接系数。

清理、打磨后的裂隙均需采用压缩空气吹净尘埃。

（3）选择封口粘接材料

根据开裂岩片的大小、裂隙的形态与宽度、相关试验的成果数据等选择适当的封口粘接材料。

（4）调配封口粘接材料

根据开裂岩片的大小，选用粘接材料配比，确定粘接剂用量，称量后加去离子水搅拌成熟，装入密封袋中密封保存，密封袋上贴上材料批号、配比、调配人及使用日期记录，备用。

（5）润湿封口部位

采用软毛笔（刷）蘸取去离子水对将要封口面进行润湿。

润湿既要充分到位，又不能积聚成膜。

对于粘接点附近的岩画覆盖区，润湿时须用毛巾或脱脂棉铺覆保护。

（6）封口、预埋注浆管

首先在合适部位插入合适大小、长短的注浆管。

然后在将要封口处，先用已调配好的、具有适当黏度的粘接剂在开裂岩片及原岩的粘接面上用力刮（或勾抹）一层，用以增加粘接系数，扩展有效粘接面。

再用自制竹签等将已调配好的粘接剂尽可能深地填入缝隙，填满填实，尽可能不使粘结剂溢出缝隙边缘。

（7）挤压密实

采用竹签等对填充在缝隙中的粘接剂进行逐层捣压密实，直至有水分渗出为止。

粘接剂表层必须碾压结实，凹入缝隙 2~5mm，水分渗出后再用棉签腻平。

（8）表面清理

采用棉签及去离子水将挂在岩画表面的粘接剂清理干净。务必对接触过粘接剂的岩画表面、裂隙边缘进行认真清洗，否则易留下白色斑块。

（9）粘接剂留样

剩余的粘接剂，放入带有材料批号、配比、调配人及使用日期记录标签的密封袋中，及时交回工地实验室留样。

（10）质量检测

养护 48 小时后，可借助放大镜检查封口处是否有裂纹，有即为不合格。

不合格者返工，重新封口。

湿度低于 50%，应对封口部位早晚各润湿一次。

（11）拍摄照片

照片应采用 JPG 格式、像素大于 500 万、清晰、不偏色、拍摄对象应位于照片中部的焦点位置，且下面每一步骤都应拍摄照片。

3. 注浆

（1）拍摄照片

照片应采用 JPG 格式、像素大于 500 万、清晰、不偏色、拍摄对象应位于照片中部的焦点位置，且下面每一步骤都应拍摄照片。

（2）检查注浆管是否堵住

将注浆管轻轻拔出，看是否堵住。

（3）调配、过滤注浆材料

根据开裂岩片缝隙的大小，选用注浆材料配比，称量后加去离子水搅拌成熟，经 0.1mm 的筛子过滤后，装入塑料袋中密封保存，塑料袋上贴上材料批号、配比、调配人及使用日期记录，备用。

（4）注浆

根据裂隙的大小选择合适的注射器或其他注浆设备。

对于大的岩片、重的岩片，注浆应分多次进行。

在注浆时应轻柔、缓慢，且应至少有两人：一人注浆，一人拿着毛巾随时准备封堵漏浆处。

（5）清洁

采用棉签、脱脂棉及去离子水将挂在岩画表面的粘接剂清理干净。务必对接触过粘接剂的岩画表面、裂隙边缘进行认真清洗，否则易留下白色斑块。

（6）质量检验

养护 24 小时后，检查裂隙是否灌得饱满。可用手指轻敲注浆岩片，看是否有空鼓，若有即为不饱满。如果不饱满，要进行再次注浆。

（7）封口

检查合格后养护 48 小时，轻轻拔掉注浆管，用封口粘接材料将注浆管处封堵住。

（8）留取资料

同 4.4 操作第二步

6.2.4　小型危岩体环氧树脂隙灌浆粘接加固工艺

小型危岩体采用环氧树脂裂隙灌浆粘结加固。灌浆材料选用德国进口环氧树脂 Viscacid® Epoxy Injection Resin 100；裂隙口封堵及做旧选择水硬性石灰浆液材料。具体操作工艺如下：

（1）留取资料

拍摄照片、填写保护修复档案表和绘制 AutoCAD 图。

照片应采用 JPG 格式、像素大于 500 万、清晰、不偏色、拍摄对象应位于照片中部的焦点位置，且下面每一步骤都应拍摄照片。

（2）清洁裂隙面

采用手工工具或压缩空气清洁，保证其粘接强度。注意禁止采用水清洁的方式清洁裂隙面。

（3）布设灌浆管

根据裂隙张开度和分布情况，选取既适合灌浆，又适合作观察的部位预埋设注浆管。

（4）封缝

对需灌浆危岩体上所存在裂隙口，选择水硬性石灰封口材料进行粘接封堵，封堵裂隙应严密处理，确保灌浆时不漏浆。

（5）检漏

通过注浆管输入压缩空气（不大于 2 个大气压），检查裂隙封堵的密实性。对发现漏气的部位重新进行封堵；封堵可以采取水硬性石灰封口材料，必要时可采取灌浆的方式进行封堵，确保密封效果。

（6）灌浆

选择环氧树脂注浆材料。根据灌浆部位的实际情况，通过灌浆管，采取重力灌浆和压力灌浆相结合的措施，注浆时控制好注浆压力，在保证危岩体稳定性及不漏浆的情况下将裂隙尽可能充满。

（7）修补做旧

选择天然水硬性石灰封口材料等对裂隙口进行修补做旧处理。

（8）质量检验并留取资料。

6.3　工程实施中的三个修复加固案例

6.3.1　案例一　D1K3 岩片的归位粘接

1. 选定保护对象 　　选定对象必须由专业技术人员根据工程设计方案和现场施工情况选定。选定保护对象时须慎重，尽量不用归位粘接工艺。	 D1K3 岩片图
2. 留取资料 　　留取资料包括三部分内容：拍摄照片、填写保护修复档案表和绘制 AutoCAD 图。 　　照片采用 JPG 格式、像素大于 500 万、清晰、不偏色、拍摄对象应位于照片中部的焦点位置，且每个操作步骤都应留取照片。 　　填写保护修复档案表应严格按照要求认真、真实、准确的填写。 　　AutoCAD 图应由专人准确、真实、及时在总图上标出。	 绘制 CAD 图
3. 揭取 　　揭取岩片时，应在正下方放置一个网兜，承接因在揭取时意外掉下的岩片。 　　揭取后的岩片应在隐蔽处做好编号，并用毛头纸等包装材料包好，妥善放置。	 揭取的 D1K3 岩片

4. 清洁粘接面 　　厚的岩片，可采用铜丝刷（或不锈钢刷）对开裂岩片及原岩粘接面进行打磨清理，然后采用压缩空气吹净粘接面。 　　对于薄的岩片应用软毛刷和自制竹签缓慢、轻柔地打磨清理，然后用吸耳球吹静。	
5. 调配粘接剂 　　粘接剂的调配应由专业人员按照实验室提供的水灰比进行配制，但容许根据现场的天气和施工情况略微调整。如果相差太大应请示专业技术人员。	 **调配粘接剂**
6. 选择粘接部位 　　由现场操作人员根据留取的资料、揭取岩画的痕迹确定粘接部位。	
7. 润湿粘接部位 　　润湿既要充分到位，又不能积聚成膜。否者会影响粘接强度。 　　在润湿时应用排笔，轻刷粘接部位。严禁润湿到岩画。	 **润湿**

8. 涂抹粘接剂 　　应在揭取的岩片上和原岩壁处涂抹合适厚度的粘接剂。 　　在涂抹粘接剂时，应在岩片和原岩处边缘留出一定的位置，禁止将粘接剂涂抹到岩画上。	 **涂抹粘接剂**
9. 核对编号及部位 　　在归位粘接前，仔细核对开裂岩片的编号及相应部位与走向，避免张冠李戴，确保一次粘接成功。	
10. 原位粘接 　　将开裂岩片按原部位与走向平稳回粘，轻轻摇晃回粘的开裂岩片，校正回粘位置，尽可能减少人为偏差，保证其能较好地贴回原处。	 **原位粘接**
11. 压实粘接面 　　用手轻轻地挤压或者用橡胶锤轻轻敲回贴的岩片，使其尽可能与原岩体密切贴合，不留空隙。 　　采用自制竹签刮除开裂岩片周边多余的归位粘接剂。再用棉签（竹签缠上脱脂棉）蘸上去离子水，旋转着将残剩粘接剂清理干净。棉签湿润即可，如果太湿，清理时会扩大污染。	 **压实粘接面**

续表

12. 支护保护 　　对归位粘接加固的岩片进行简易的支护保护，防止固化稳固前垮落破坏。 　　如果是薄的，小的岩片也可以不用保护。	 支护保护
13. 粘接剂留样 　　对加固部位进行封口，剩余的归位粘接剂交给现场配料人员，带回实验室留样。	 封口
14. 质量检验 　　养护 48 小时后，采用目测裂纹和橡皮锤敲击法对归位粘接好的开裂岩片进行初步质量检验。不合格者返工，重新粘接。 　　如果合格者边缘的裂隙太大，可用封口粘接料进行封口。	 加固后效果图
15. 留取照片	

6.3.2　案例二　J4K23c 点粘接工艺

1. 选定保护对象 　　选定对象必须由专业技术人员根据工程设计方案和现场施工情况选定。	 J4K23c 开裂岩片
2. 留取资料 　　留取资料包括三部分内容：拍摄照片、填写保护修复档案表和绘制 AutoCAD 图。 　　照片采用 JPG 格式、像素大于 500 万、清晰、不偏色、拍摄对象应位于照片中部的焦点位置，且每个操作步骤都应留取照片。 　　填写保护修复档案表应严格按照要求认真、真实、准确地填写。 　　AutoCAD 图应由专人准确、真实、及时在总图上标出。	
3. 清理裂隙 　　在清理时，岩片下方应放置好网兜，以防清理过程中岩片掉落，摔碎。 　　对于有松动的岩片，应用排笔简单清理下，然后用吸耳球吹干净。防止清理时岩片掉落。	 **清理裂隙**
4. 选择粘接剂 　　根据开裂岩片的大小、裂隙的形态与宽度、相关试验的成果数据等选择适当的粘接材料配比。	

5. 调配粘接剂

　　粘接剂的调配应由专业人员按照实验室提供的水灰比进行配制。但容许根据现场的天气和施工情况略微调整。如果相差太大时应请示专业技术人员。

　　调配好的粘接剂应放置在密封袋中密封保存并贴上标签。

调配粘接剂

6. 选择粘接点

　　根据开裂岩片的重量、裂隙的走向、粘接剂的粘接强度等选择合适的粘结点。如果下部有裂隙的岩片，应留出，利于裂隙内部清理。

选择粘接点图

7. 润湿粘接面

　　润湿既要充分到位，又不能积聚成膜。否则会影响粘接强度。

润湿

8. 填充粘接剂

　　在选定的粘接点处，先用已调配好的、具有适当黏度的粘接剂在开裂岩片及原岩的粘接面上用力刮（或勾抹）一层，用以增加粘接系数，扩展有效粘接面。

在填料时，应根据裂隙大小用自制竹签将粘接剂在扁刀上压的厚薄合适，然后填料，可减少污染。

边填料边挤压。

填充粘接剂

9. 挤压密实 　粘接剂表层必须碾压结实，并对填充在缝隙中的粘接剂进行逐层捣压密实，直至有水分渗出为止。 表层应呈"凹"字形，略低于边缘 1~2mm 左右。表层应粗糙些，防止产生裂纹。	
10. 表面清理 　采用自制竹签刮除开裂岩片周边归位粘接剂。再用棉签（竹签缠上脱脂棉）蘸上去离子水，旋转着将残剩粘接剂清理干净。棉签湿润即可，如果太湿，在清理时会扩大污染。	 **表面清理**
11. 粘接剂留样 　剩余的归位粘接剂交给现场配料人员，带回实验室留样。	 **粘接剂留样**
12. 质量检验 　养护 48 小时后，采用目测或借助放大镜检查"点"粘接好的部位有无微裂纹。若有则为不合格，须返工，重新粘接。	 **点加固后效果图**

续表

13. 留取资料	

6.3.3　案例三　J4K23c 注浆工艺展示

1. 点加固 　　进行注浆加固的岩体应首先按照前面点加固工艺进行对应的预加固。然后再进行封口注浆。	 **J4K23c 开裂岩片预加固**
2. 封口、预埋注浆管 拍摄照片 　　照片应采用 JPG 格式、像素大于 500 万、清晰、不偏色、拍摄对象应位于照片中部的焦点位置。 每一步骤都应至少拍摄一张照片。	 **J4K23c 开裂岩片**
3. 裂隙内部清理 　　对于大的裂缝可用电钻夹住通道刷深入裂隙内部清理，然后用压缩空气吹干净。 　　对于细的裂缝，可用薄的自制竹签轻轻打磨下，然后用压缩空气吹干净。	 **裂隙清理**

4. 选择封口材料

　　根据开裂岩片的大小、裂隙的形态与宽度、相关试验的成果数据等选择适当的粘接材料配比。

5. 调配封口材料

　　粘接剂的调配应由专业人员按照实验室提供的水灰比进行配制。但容许根据现场的天气和施工情况略微调整。如果相差太大时应请示专业技术人员。

　　调配好的粘接剂应放置在密封袋中密封保存并贴上标签。

调配封口材料

6. 润湿封口部位

　　润湿既要充分到位，又不能积聚成膜。否则会影响粘接强度。

　　在润湿时应用湿润的排笔，轻刷粘接部位。严禁润湿到岩画。

润 湿

7. 封口、预埋注浆管

　　因封口时间长，所以在封口时应有耐心。避免严重污染岩片。

　　在容许的条件下，应每隔 5cm 埋设一根注浆管。

　　如果是下开口的裂隙，最高处应至少留两个注浆口。

　　注浆管的选择应根据裂隙的大小选择。

预埋注浆管

8. 清洁 　　采用自制竹签刮除开裂岩片周边归位粘接剂。再用棉签（竹签缠上脱脂棉）蘸上去离子水，旋转着将残剩粘接剂清理干净。棉签湿润即可，如果太湿，在清理时会扩大污染。	 **清洁**
9. 预埋注浆管和清理工作完毕拍摄照片	 **J4K23c 封口后效果图**
10. 注浆 拍摄照片 　　照片应采用 JPG 格式、像素大于 500 万、清晰、不偏色、拍摄对象应位于照片中部的焦点位置。每一步骤都应至少拍摄一张照片。	
11. 检查注浆管有无堵住 　　检查的方法：可将注浆管轻轻拔出，检查是否堵住。如果堵住，用铁丝捅开；不能捅开的更换注浆管，然后再插入原孔中即可。	

续表

12. 调配、过滤注浆料 　　粘接剂的调配应由专业人员按照实验室提供的水灰比进行配制。但容许根据现场的天气和施工情况略微调整。如果相差太大时应请示专业技术人员。 　　调配好的粘接剂应放置在密封袋中密封保存并贴上标签。	 **过滤注浆料**
13. 注浆 　　对于大的岩片，应分多次注射。特别是上开口且外倾的石块。防止因一次注射太多而开裂。小的岩片可以一次注满。 　　在注浆时，应轻柔、缓慢，以免用力过猛导致加固部位开裂。 　　当注入一定量的注浆料后，应等一会儿再继续注射，看是否有渗漏。如果有渗漏应立即停止注浆，并用毛巾或者脱脂棉堵住渗漏处，直到浆凝固，然后用封口料粘接。注浆 48 小时后应再次补注。	 **注浆**
14. 清洁 　　应预先准备好毛巾或者脱脂棉，随时准备封堵因未封好口而流出的注浆料。	 **准备清洁**
15. 质量检验 　　本步主要检验注浆的裂隙是否注饱满。检查方法可用手轻敲注浆岩片，看是否有空谷。如果不注饱满，应补注。	

16. 封口 　　将注浆管处用封口粘接材料填堵住。观察至少 1~2 个小时看有无漏浆。	 封口
17. 留取资料 　　两天后检查拍照整理资料，并归档。	 注浆加固后效果图

6.4　工程施工

6.4.1　工程分期与施工组织

花山岩画保护工程自 2009 年 3 月开始至 2014 年结束，工期包括 4 个施工分期，总计约 5 年时间。

时间	工程分期	施工单位
2009 年至 2010 年	花山岩画第一期试验性抢救保护工程	中国文化遗产研究院，上海同济大学德塞堡建筑材料有限公司
2010 年至 2011 年	广西宁明花山岩画第一期整体修复保护工程	中国文化遗产研究院，上海同济大学德塞堡建筑材料有限公司
2012 年至 2013 年	广西宁明花山岩画第二期修复保护工程	北京国文琰文物保护发展有限公司
2013 年至 2014 年	广西宁明花山岩画第三期修复保护工程	北京国文琰文物保护发展有限公司

6.4.2　工程量统计

6.4.2.1　花山岩画第一期试验性保护工程

本次完成加固的岩画总面积为约 80 m²，重点抢救部位 23.70m²，总计完成 481 块。此 481 块 I 级开裂岩体平均厚度为 21.21mm。在此次工程中采用点加固工艺有 415 块，1 块灌浆，40 块由于各种原因未做加固，回贴的有 25 块，回贴总面积为 0.53m²，占总体的 2.22%。

6.4.2.2　广西宁明花山岩画第一期修复保护工程

从 2011 年 3 月 1 日进场，广西宁明花山岩画本体开裂岩石第一期整体抢救性修复保护工程顺利完成了所有计划工程量。本期完成的粘接加固开裂岩画块体及小危岩体共计 3377 块，面积共计为 85.807m²。其中，归位粘接 397 块，填充粘接 2821 块，注浆粘接 159 块。

其中，在施工过程中对新发现的稳定性较差、极易脱落的开裂岩画块也进行了加固处理，新增保护对象共计 221 块，占总加固块数的 7.0%；面积共计为 2.703m²，占总加固面积 3.15%。

6.4.2.3　广西宁明花山岩画第二期修复保护工程

广西宁明花山岩画本体开裂岩石第二期修复保护工程顺利完成了所有计划工程量。本期工程完成的粘接加固开裂岩画块体 1825 块，面积为 232.678m²；其中，开裂岩画块体采用归位粘接的有 247 块，面积共计为 31.354m²；采用填充粘接的有 1189 块，面积共计为 106.4303m²；采用注浆粘接有 369 块，面积共计为 40.5477m²；小型危岩体 20 块，面积为 54.346m²。

6.4.2.4　广西宁明花山岩画第三期修复保护工程

截至 2014 年 5 月 31 日，广西宁明花山岩画第三期修复保护工程项目部克服了各种困难，现已完成 A、B、C、D、E、F、G、H、I、K、L、N、O、P、Q、R、S、T、U、V、W、X、Y、II 等二十四个施工区域，共粘接加固开裂岩画块体 3025 块，面积为 532.035m²。其中，开裂岩画块体采用归位粘接的有 211 块，面积共计为 41.916m²；采用填充粘接的有 2561 块，面积共计为 429.104m²；采用注浆粘接有 253 块，面积共计为 61.014 m²。

6.4.3　项目验收

花山岩画修复保护工程一至三期已顺利通过验收，具体意见请参考附录 7.1.3。

6.5 修复加固效果检测

花山岩画施工过程中我们发现，经常面临对于表层空鼓部位的探测和界定。如病害调查阶段对于空鼓区域的确认和面积测量。保护工作实施后，对于空鼓部位的灌浆加固效果的检测等等。传统的多用敲击，通过回音辨认来确认是否空鼓。但这种方法对于空鼓面积不易测量，也不能用于灌浆加固后的效果检测。并且此种方法也容易给文物本体带来破坏。另外诸如超声波脉冲的方法也用于空鼓检测，但对表面平整度要求较高。

热红外成像技术是近年来发展起来的无损检测方法，它具有直观、非接触、探测面积大，快速易行等特点。对材料的表层状况检测尤为灵敏。此次花山岩画保护工程为加强对灌浆加固效果的检测引入了热红外成像技术。

6.5.1 热红外成像技术检测原理

热红外成像检测技术是利用红外辐射原理对物体或材料表面进行检测的专门技术。自然界中，所有高于绝对零度的物体都会发出红外辐射。利用光电设备来检测和测量辐射并在辐射与表面温度之间建立相互联系。通俗的讲就是将物体发出的不可见红外能量转变为可见的热图像。热图像上面不同颜色代表被测物体的不同温度。通过热图像，可以反映被测目标的整体温度分布特征，研究目标的发热情况，从而做出判断。不同物体的表面温度和辐射量均不同。当建筑表面或文物表层材料结构存在某种缺陷时，由于缺陷类型形态及部位不同，造成材料导热系数、比热等性能的局部变化而影响红外辐射量，直观地导致表面温度分布发生变化，使热成像图上出现温差等异样特征。对于石质文物的空鼓部位，结构上是由气体和粉尘等混合材料微弱结合在一起，形成填充，与周围石质相比，热流传入明显不同，在热红外成像图上会形成不同的温差分布特征图像。从而可检验空鼓部位分布。在利用水硬石灰材料灌浆后，石灰材料固化与周围石材温度特征相差很小。热红外图像上趋近一致。可以检测验证灌浆效果。

6.5.2 检测方法

检测设备使用日本 TH100 型红外热像仪，其测温范围为。探测距离为 20cm。红外热像为彩色视屏显示。试验采用主动式单面加热法，热源用加热灯照射。

6.5.3　结果分析与讨论

6.5.3.1　J1K13 开裂岩体热红外成像检测

表 6-8　J1K13 开裂岩体加固档案

施工日期	2011-4-29		温、湿度	24.8℃、97%	
区域编号	J1K13		面积	870cm^2	
施工工艺	注浆粘接				
材料批号	HS/FK05-A10/08	材料配比	35%	用量	435ml
加固前照片					
加固后照片					
配料员	胡战勇		施工员	陈国军	
质检员	刘春花		制表	杨雪	
审核意见	合格				

如图6-3所示，J1K13开裂岩体可视照片。由岩石开裂造成的空鼓区域如图所示。轻轻敲击可以听到回音。用红外热像仪扫描后热成像图如图6-4所示，中心部位红色区域为空鼓范围，其中多是空气，经热辐射后升温较快，与周围石材形成明显温度梯度。

图6-5所示热成像图为J1K13空鼓区域经灌浆加固后所测。图中显示空鼓区域温差与周边石材已经基本很小，表示水硬石灰灌浆材料已经充满该区域。

图6-3　J1K13岩画可视照片

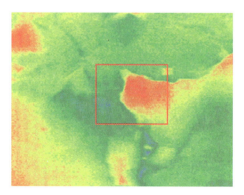

图6-4　J1K13所测部位热像图
（空鼓部位表面与正常部位表面温差为0.6℃）

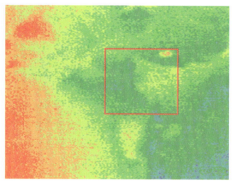

图6-5　J1K13所测部位空鼓修复后热像图
（空鼓部位表面与正常部位温差为0.1℃）。
经敲击确认已经修补好

6.5.3.2　J1KZ92热红外成像检测

图6-6、图6-7、图6-8，分别为J1KZ92开裂岩石可视照片，空鼓部位热像图和灌浆加固后热像图。可以看出经过灌浆加固，原空鼓部位与正常部位表面温差已经很小，说明空鼓部位已经用粘接材料充满。

此次保护工程中，对于空鼓病害使用水硬石灰灌浆加固的岩石块体，选取典型的块体进行了热红外成像测试，结果显示灌浆加固取得了预期的灌浆效果。

图6-6　J1KZ92岩画可视照片

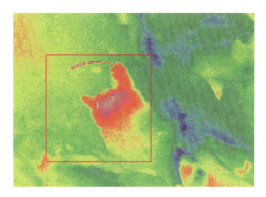
图 6-7　J1KZ92 热像图

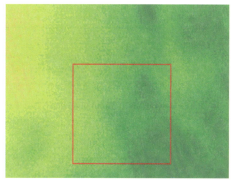
图 6-8　J1KZ92 所测部位空鼓修复后热像图

6.6　花山岩画保护工作大事记

时　间	事　件
1954 年 1 月	广西博物馆组织人员首次到花山进行摄取照片。
1962 年 7 月	广西壮族自治区民族事务委员会组织有民族、历史、地质、考古等多学科专家组成的考察团，对左江岩画进行全面调查，由莫乃群、张景宁带队，从宁明乘船经龙州上金进入左江、行至扶绥，历时 15 天，行程 200 多公里，新发现 43 处岩画。过后编写出版了《花山岩壁画资料集》。
1963 年	花山岩画被广西壮族自治区人民政府公布为区重点文物保护单位。
1984 年	国庆节花山岩画正式对游客开放。
1980 年至 1985 年	广西壮族自治区人民政府邀请区内外专家学者数次考察左江岩画。
1985 年	北京大学考古系年代测定实验室原思训先生等在花山第一处第 8、9 组等采集十二个样品进行测定，最终形成《宁明花山崖壁画 14C 年代测定报告》。
1986 年	建立花山岩画保护管理工作站。
1987 年	参加 1985 年 4 月左江岩画调查的覃圣敏、覃彩銮、卢敏飞、喻如玉编写出版《广西左江流域崖壁画考察与研究》一书。
1988 年	组织对左江花山岩画考古调查和临摹，出版《广西左江岩画》一书。
1988 年	国务院将花山岩画公布为全国重点文物保护单位。
1988 年	参加 1980 年和 1984 年左江岩画调查的王克荣、邱钟仑、陈远璋等编写出版《广西左江岩画》一书，该书成稿于 1984 年底，由商承祚题写扉页。
1990	对花山岩画红色颜料进行研究。

续表

时　间	事　件
1991 年	广西文化厅组织中国文物研究所，建设部综合勘察研究院，北京遥感测绘中心，中国地质大学水文地质及工程地质系，广西文物工作队专家，以左江岩画的保护研究为课题，对以宁明花山岩画为代表的左江岩画保护及地质情况作详细调查，并提出了"左江岩画地质环境病害及防治对策的意见"。测绘 1/500 花山立壁岩体环境工程地质图；1/10000 花山地质图；1/50 花山立壁岩体环境工程地质图；1/500 花山岩体工程地质剖面图；并进行岩矿成分签定等。
1992 年至 1994 年	国家文物局陆续拨款 40 万元进行花山岩画第一期维修工程。工程分三阶段：① 1993 年元月至 9 月修建治沙地台、围墙、水井、景区道路；② 1993 年 11 月至 1994 年 3 月修建护坡堤、标志牌、护栏、保护站用房；③ 1994 年 5 月至 12 月建花山魂雕塑及岩画陈列室布置。
1996 年	花山岩画第二期保护维修工程获国家文物局批准，并拨出专款 20 万元。1997 年 10 月 15 日维修工程开始，修建观察台廊、安全护栏、贝丘遗址护栏等。陆续修建至 1998 年元月完工。
1999 年	世界联合国教科文组织丹麦国家委员会联合展览部主席泰特内佐、瑞士心理学教授色多阿布特、中央民族大学中国岩画研究中心教授蒋振明等组成摄影组到花山拍摄专题片《人类精神的描绘》。
2000 年	中国文物研究所研究员黄克忠、中国历史博物馆主任潘路、西北大学文博学院教授郭宏、能源部北京水电勘测设计研究院高级工程师冯水滨、中国科学院地质与地球物理研究员曲永新及区文物队专家到花山顶现场勘测，制定花山岩画保护方案。
2002 年	西北大学教授郭宏、区文物队黄槐武等人到花山进行采样，分析岩画病害成因，寻求治理办法。
2002 年	国家文物局副局长张柏、文物保护司司长杨志军到花山进行安全工作检查。
2004 年	国务委员陈至立在《人民日报·情况汇编》对宁明花山岩画保护问题作出了重要批示，引起了各级政府和相关部门对花山岩画保护的重视。
2004 年	国家文物局局长单霁翔，国家文物局办公室主任彭常新等到花山视察。
2004 年 9 月	"广西宁明花山岩画病害治理研讨会"专家组包括中国科学院院士袁道先，中国工程院院士葛修润等 9 位岩溶地质，岩画保护及文物规划著名专家到花山山顶考察，研讨会于 9 月 2 日在南宁举行，会议形成了"广西宁明花山岩画病害治理研讨会会议纪要"。
2005 年	广西花山岩画颜料褪色及其病害的防治对策
2006 年 11 月 23 日	国务委员陈至立考察花山岩画的保护及利用情况。

时　间	事　件
2007 年 5 月 31 日	应广西壮族自治区文物局的邀请，世界文化遗产古迹理事会专家尤嘎尤基莱托博士、美哈－阿扎尔索尔尤基莱托博士，国家文物局巡视员（中国申报世界文化遗产委员会副主席）郭旃专程考察了花山岩画，对世界文化遗产的申报、保护和管理与利用工作提出了建议。
2008 年	花山岩画被展示在北京奥运会开幕式上
2008 年 10 月 至 2009 年	中国文化遗产研究院、中国地质大学、上海德赛堡建筑材料有限公司分别开展了花山岩画本体病害详细勘察、花山岩画开裂病害机理勘察研究、岩画开裂岩体粘结加固材料试验研究、花山岩画 GIS 信息管理系统建设等保护。
2007 年 9 月 至 2009 年 9 月	中国文化遗产研究院课题研究岩画渗水病害热红外成像探测及机理研究
2008 年 5 月 至 2009 年 11 月	中国文化遗产研究院课题研究三维激光扫描和 GIS 技术在野外大型岩画保护中的应用研究
2008 年 8 月 至 2010 年 8 月	中国文化遗产研究院课题研究石灰岩质文物裂缝注浆材料及工艺研究
2008 年 8 月 至 2010 年 8 月	广西花山岩画颜料脱落及褪色病害保护修复技术研究
2009 年 7 月 至 2011 年 7 月	中国文化遗产研究院课题研究花山岩画环境监测方法与指标研究
2009 年至 2010 年	花山岩画第一期试验性抢救保护工程
2010 年 2 月 至 2010 年 12 月	中国文化遗产研究院课题研究天然水硬石灰在岩土文物与遗址加固修复中的应用研究
2010 年至 2011 年	广西宁明花山岩画第一期整体修复保护工程
2012 年至 2013 年	广西宁明花山岩画第二期修复保护工程

续表

时　间	事　件
2013 年至 2014 年	广西宁明花山岩画第三期修复保护工程
2014 年至 2015 年	中国文化遗产研究院世界遗产中心花山岩画监测预警体系建设
2015 年至 2016 年	左江花山岩画申遗并成功入选世界遗产名录

参考文献

[1] 赵云等，左江花山岩画申遗文本，中国文化遗产研究院

[2] 郭宏，韩汝玢，赵静等，广西花山岩画抢救性保护修复材料的选择试验，文物保护与考古科学 [J]，2006，18（3），18–24

[3] G. Struebel，K.Kraus，O.Kuhl：Hydraulische Kalke fuer die Denkpflege[M]，IFS–Bericht 1998

[4] 杜仙洲，中国古建筑修缮技术 [M]，中国建筑工业出版社，1996，99

[5] 李最雄，世界上最古老的混凝土，考古 [J]，1988（8）

[6] 马清林，陈庚龄，卢燕玲等，潮湿环境下壁画地仗加固材料研究，敦煌研究 [J]，2005（5），66–70

[7] www.getty.edu/conservation/science/mortars

[8] Banfill，P.F.G and A.M. A relationship between hydraulicity and permeability of hydraulic lime. In international RILEM workshop on historic mortars：characteristics and tests. Paisley，Scotland 1999

[9] VIP Alvarez，Performance Analysis of Hydraulic Lime Grouts for Masonry Repair，http://repository.upenn.edu/hp theses/13

附　录

0.1　关于花山岩画保护工程的会议纪要

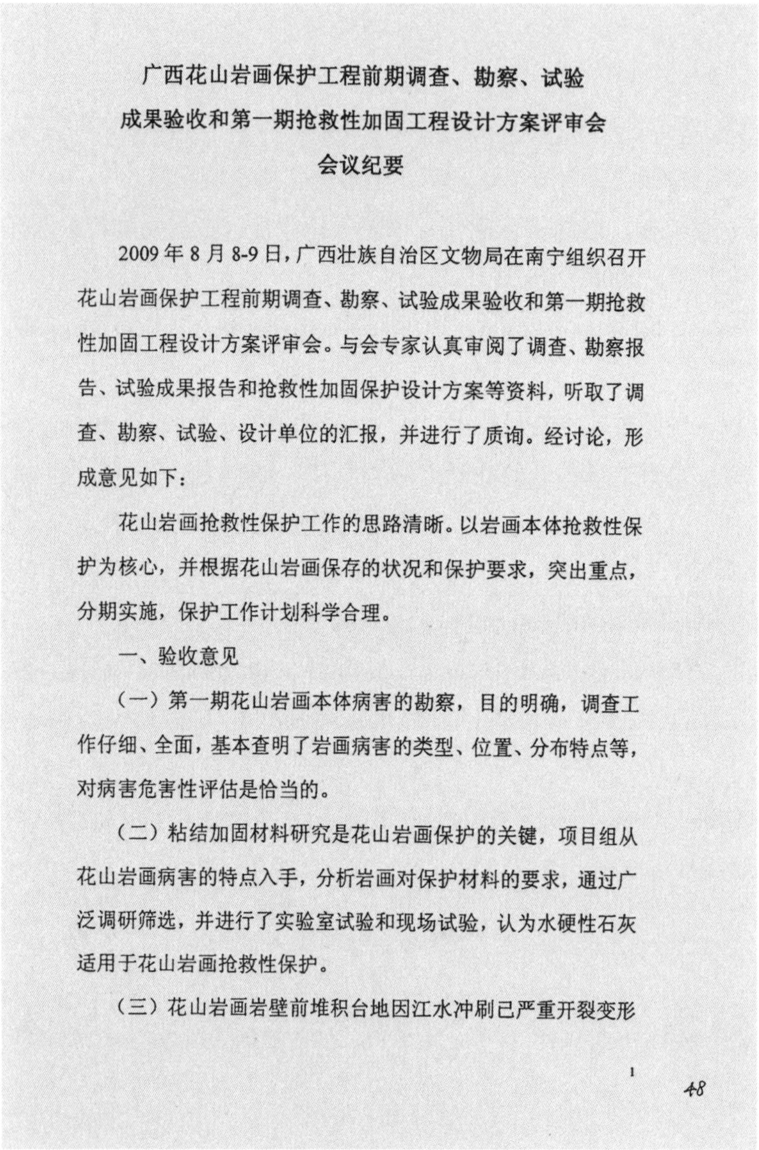

广西花山岩画保护工程前期调查、勘察、试验
成果验收和第一期抢救性加固工程设计方案评审会
会议纪要

2009 年 8 月 8-9 日，广西壮族自治区文物局在南宁组织召开花山岩画保护工程前期调查、勘察、试验成果验收和第一期抢救性加固工程设计方案评审会。与会专家认真审阅了调查、勘察报告、试验成果报告和抢救性加固保护设计方案等资料，听取了调查、勘察、试验、设计单位的汇报，并进行了质询。经讨论，形成意见如下：

花山岩画抢救性保护工作的思路清晰。以岩画本体抢救性保护为核心，并根据花山岩画保存的状况和保护要求，突出重点，分期实施，保护工作计划科学合理。

一、验收意见

（一）第一期花山岩画本体病害的勘察，目的明确，调查工作仔细、全面，基本查明了岩画病害的类型、位置、分布特点等，对病害危害性评估是恰当的。

（二）粘结加固材料研究是花山岩画保护的关键，项目组从花山岩画病害的特点入手，分析岩画对保护材料的要求，通过广泛调研筛选，并进行了实验室试验和现场试验，认为水硬性石灰适用于花山岩画抢救性保护。

（三）花山岩画岩壁前堆积台地因江水冲刷已严重开裂变形

1

48

图 0-1　花山岩画保护工作评审会会议纪要 1

为不稳定坡体。通过采取钻孔，工程物探等勘察手段，基本查明基体的地质结构，对其稳定性分析评估是恰当的，加固保护技术路线基本合理。

以上三项成果通过验收。

二、评审意见

在调查、勘察成果基础上，针对危险岩体本体进行抢救性加固保护，目标明确、设计思路正确、保护措施合理。原则同意花山岩画本体开裂岩体第一期抢救性加固设计方案。

三、建议

（一）病害分类及标注应与现有规范一致；

（二）继续深化、完善材料试验指标、数据，并深入研究添加助剂对材料固化性能的影响，加强材料耐久性试验；

（三）细化抢救性保护工程施工程序，明确裂隙面附着物清洗工艺要求；

（四）针对堆积台地不同地段的现状，优化设计，降低成本，最大限度减少对景观的干预；

（五）花山岩画本体保护为文物保护的特殊工程，需要具有文物保护专业技术保障，试验研究需贯穿整个保护工程实施过程，设计单位、试验单位应参与保护工程的实施。

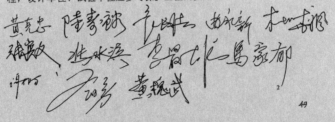

图 0-2　花山岩画保护工作评审会会议纪要 2

0.2　第一至三期修复加固工程的检查和验收意见

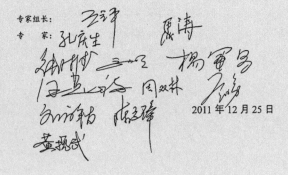

图 0-3　花山岩画第一期试验性工程验收意见

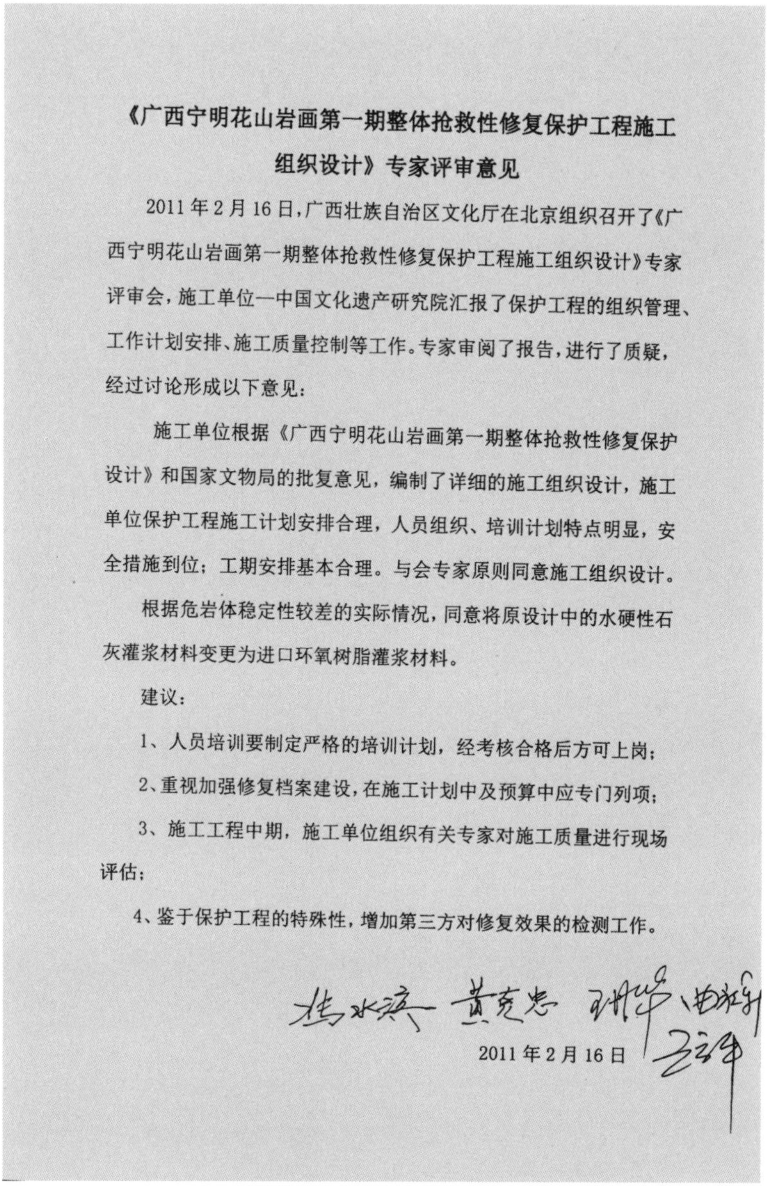

《广西宁明花山岩画第一期整体抢救性修复保护工程施工组织设计》专家评审意见

2011年2月16日,广西壮族自治区文化厅在北京组织召开了《广西宁明花山岩画第一期整体抢救性修复保护工程施工组织设计》专家评审会,施工单位—中国文化遗产研究院汇报了保护工程的组织管理、工作计划安排、施工质量控制等工作。专家审阅了报告,进行了质疑,经过讨论形成以下意见:

施工单位根据《广西宁明花山岩画第一期整体抢救性修复保护设计》和国家文物局的批复意见,编制了详细的施工组织设计,施工单位保护工程施工计划安排合理,人员组织、培训计划特点明显,安全措施到位;工期安排基本合理。与会专家原则同意施工组织设计。

根据危岩体稳定性较差的实际情况,同意将原设计中的水硬性石灰灌浆材料变更为进口环氧树脂灌浆材料。

建议:

1、人员培训要制定严格的培训计划,经考核合格后方可上岗;

2、重视加强修复档案建设,在施工计划中及预算中应专门列项;

3、施工工程中期,施工单位组织有关专家对施工质量进行现场评估;

4、鉴于保护工程的特殊性,增加第三方对修复效果的检测工作。

2011年2月16日

图 0-4　花山岩画第一期修复保护工程验收意见

广西宁明花山岩画第二期抢救性修复保护工程

竣工验收意见

2013 年 5 月 5 日，广西壮族自治区文化厅在南宁组织召开了宁明花山岩画第二期抢救性修复保护工程竣工验收会。与会专家现场考察了修复加固工程状况及施工效果、质量，听取了施工单位及监理单位的汇报，经过会议质询、讨论，形成以下验收意见：

1、本工程严格按照设计及主管部门的批复意见要求进行施工，组织严密，管理科学、规范，管理及质量保证体系完善，符合文物保护工程的管理程序。

2、施工单位重视施工人员上岗前技术培训，并定期进行总结和交流，保障了施工质量。

3、材料供应方现场建立实验室，根据环境状况不同，现场配制保护材料，确保了保护材料的最佳效果。

4、本次工程沿用了第一期保护工程所使用《施工手册》，主要施工人员也多为参加过第一期保护工程的技术人员，保证了各项施工操作的规范化和加固保护的质量。

5、监理单位全程参加了加固工程施工的监测工作，施工监理工作规范，资料较完整。

6、中期评估时专家提出的加强检测和完善资料等意见已落实到位。

7、本工程做到了文明施工，安全生产。

本工程完成了预期目标，同意通过验收。

图 0-5　花山岩画第二期修复保护工程验收意见

广西宁明花山岩画第三期抢救性修复保护工程
竣工验收意见

　　2014 年 10 月 28--30 日，广西壮族自治区文化厅在南宁组织召开了花山岩画第三期抢救性修复保护工程竣工验收会。与会专家考察了施工现场，听取了施工单位的汇报及监理单位的报告，经质询、讨论，形成以下意见：

　　1、本工程严格按照设计方案及主管部门的批复意见要求进行施工，管理科学、规范，符合文物保护工程的管理程序。

　　2、本次工程沿用了第一期保护工程所使用的《施工手册》，借鉴了第一期、第二期施工经验，加强施工人员上岗前技术培训，并定期总结和交流，保障了施工质量。

　　3、材料供应方现场配制保护材料，确保了保护材料的使用效果。

　　4、监理单位全程参加了加固工程施工的监督管理工作，监理工作规范，资料完整。

　　5、本工程做到了文明施工，安全生产。

　　本工程完成了预期目标，同意通过验收。

建议：1、进一步做好施工资料的归类整理，完善施工档案。

　　　2、做好长期监测和后期效果评估研究工作。

专家组长：

专　　家：

2014 年 10 月 30 日

图 0-6　花山岩画第三期修复保护工程验收意见

0.3　花山岩画修复保护工程主要组织机构和人员名单

0.3.1　修复保护工程机构人员名单

·广西壮族自治区文化厅

覃溥、谢日万、彭鹏程、蓝日勇、吴兵、韦婷孜

·宁明县文物管理所

朱秋平

·中国文化遗产研究院

王金华、高峰、郭宏、张兵峰、李黎、胡源、周霄、吴育华、黄玉琴、刘意鸥、王志良、孙延忠、王云峰、刘建辉、宗树等

·上海同济大学德塞堡建筑材料有限公司

戴仕炳、张德兵、胡占勇、陈国军

·北京国文琰文物保护发展有限公司、广州白云文物保护工程有限公司

马振华、陈粤等

·中国地质大学

方云、严绍君、伏学智、曾剑雄、乔梁、程邦、方芳

·山东博物馆

孔庆生

0.3.2　主要参与施工修复技术人员名单

杨雪（贵州省文物保护中心）、杜之岩（内蒙古自治区呼和浩特市博物馆）、刘春花（陕西省文物考古研究所）、马玉玺（陕西省文物考古研究所）、何林（新疆维吾尔自治区文物保护中心）、刘笛（新疆维吾尔自治区文物保护中心）、魏玉彩（河北石家庄资深文物修复师）、魏玉周（河北石家庄文物修复师）、张强（河北石家庄文物修复师）、李国伟（河北石家庄文物修复师）、王云霄（河北石家庄文物修复师）、闫海营（河南郑州资深文物修复师）、龙飞（河北省文物保护中心）、曹兵兵（河北衡水文物修复师）、赵今贵等。

0.4 彩色图版

图 0-7　2009 年时任广西壮族自治区主席的马飚考察花山岩画保护

图 0-8　花山岩画第一期修复保护工程施工人员合影

图 0-9　修复加固现场

图 0-10　注浆保护

图 0-11　同济大学戴仕炳博士在做保护材料的介绍

图 0-12　国际组织专家米纳克什博士在花山岩画现场考察

图 0-13　王喆、吴婷、王云峰在花山岩画申遗迎检现场

图 0-14　宁明花山岩画

后　记

花山岩画保护工程为"十一五""十二五"期间国家重点文化遗产保护项目。广西壮族自治区文化厅及当地政府十分重视花山岩画保护工作，并将该项目列入广西重点文化建设项目计划。花山岩画修复保护工程是经过长期系统科学的前期预研究之后才实施的保护工程。是多单位多专业协作开展的保护工程。2005年以来，项目承担单位中国文化遗产研究院联合中国地质大学、上海同济大学德塞堡建筑材料有限公司，先后开展了三维测绘、基本调查、地质条件勘察、保存状况调查、病害调查与分析、环境监测、加固材料实验室试验及现场试验、病害机理研究、编制设计方案、应急性保护工程实施等工作。

在解决关键难点和核心技术方面有突破性的进展。经过现场长时间调研、勘察、收集分析各方面监测数据终于解释清楚花山岩画病害机理。同时在石质文物修复加固材料这一难题方面经过两年的实验室和现场研究试验提出用改性天然水硬性石灰作为花山岩画岩体加固材料。避免了长期以来有机材料在石质文物上应用的弊端。并且其作为天然改性材料在壁画、土遗址等方面也具有广泛的应用潜力。

在工程进行中，施工人员都是由各省考古所、保护中心抽调的技术骨干。并在保护工作开展前进行半个月相关文物知识、专业保护技术、现场操作技术的培训工作。并定期进行总结和交流，保障了施工质量，提高了修复保护技术水平。施工单位克服现场交通不便、住宿条件艰苦等困难，在现场建立实验室，根据环境状况不同，现场配制保护材料，确保保护材料的最佳效果。并且编制了《广西花山岩画第一期抢救性修复加固工程施工手册》，对各项工作、各个程序、工艺流程等都作了全面、详细、规范化的诠释，明确各个步骤的技术要求，为施工人员提供了行动指南。后期为确保加固质量，利用热红外成像技术对经过加固和灌浆的区域进行检测，成像清晰的显示了空鼓和加固后的效果。

花山岩画保护工程历经数年得以圆满完成。2015 年花山岩画入选世界文化遗产名录，与开展了包括此工程在内的诸多研究工作是密不可分的。

我自己有幸参与了花山岩画病害勘察、方案设计和工程施工，后续跟随我院世界遗产中心赵云研究员参与了花山岩画申遗的全过程。受益匪浅，实是幸甚。

在此要感谢一直以来在花山岩画保护工作中给予支持的各级领导。感谢广西文旅厅覃溥、谢日万、彭鹏程等领导对花山岩画保护工作的极大支持。感谢历任中国文化遗产研究院院长顾玉才、刘曙光、柴晓明的鼓励与支持。

感谢黄克忠、王丹华先生及冯水滨、曲永新等老先生的淳淳教导和支持。

感谢中国地质大学方云老师、严绍军老师、伏学智、曾剑雄等同学的无私支持。

此书成稿得益于诸多师友的指导和鼓励。王金华、郭宏两位研究员一直给予关键的鼓励和建议。科研处的党志刚处长一直坚持督促。本书第二章由刘建辉提供材料、第四章由周霄提供材料。上海同济大学德塞堡建筑材料有限公司戴仕炳博士、张德兵、胡占勇帮助撰写了现场试验部分。

其他参与工程人员也做出了辛勤工作和重要贡献。他们是孔庆生、朱秋平、闫海涛等。

在此对保护工程或本书付梓过程中的相关领导、诸位师友一并致以崇高的敬意和真挚的感谢。

王云峰

2019 年 5 月